陽光心態

你的心態決定你的命運！

The Future Depends On Your Attitud

前言

PREFACE

人們往往難以體悟命運會和「心態」這兩字扯上關係，但要知道，好的心態有助於我們在這個社會上遊刃有餘。

當我們心煩意亂時，當我們遇到問題百思不得其解時，好的心態有助於我們迎刃而解，而要是在面對林林總總的問題時，我們總是手足無措，不知如何下手，問題往往就會變得棘手，而讓人耗費精神與心力了。

我們有必要解決迎面而來的問題，這時候，急於求成是無濟於事的，我們必須要靜下心來，以良好且陽光的心態去面對那些問題。

當然，在任何方面我們都要有良好的心態。因為這有助於我們臨危不亂地想出解決問題的辦法，要是我們總是靜不下心來，往往會使事情變得更糟糕。

Preface 前言

不經過大腦縝密思索就做出的決定會令人滿意嗎？當這種決定做出來後我們往往會後悔，然而卻已為時晚！

我們絕對有必要以陽光的心態去面對一切，這樣才不會因為疏忽而犯下錯誤。有人會問，只要有良好的心態，就可以更好地應對問題嗎？要知道，良好的心態可以讓我們很好地化解問題，但你此刻的心態是不是絕佳的呢？

沒有人可以真正地做到寵辱不驚，穩如泰山，他們在面對一些誘惑時很容易動搖了信念。這並不是說，我們沒有良好的心態，而是要能做到擁有心態上的絕佳境界是難上加難。

世上的人那麼多，心態達到此種境界的人卻很少。我們需要追求那種境界，心止如水，淡若明鏡，這樣才不會被一些紛紛擾擾的外在事物所蠱惑，我們才能更明智的去面對人生。

做到了這一點，我們的人生就會昇華，當然命運也就會跟著發生改變。倘若你有大人物的風範，有他們的那種大事當前無所畏懼的心態，你也就會很快地成為大人物。

一旦你達到了那種程度，想當然地，你就是一個成功的人士了。

本書正是基於這些方面，先從正心、慧心、愛心、養心四個方面入手，讓你更好地認識自己，修養自己。下冊我們將會再談到治心、悟心、修心、交心四個方面，讓你不僅認識自己，還能進而達到心靈上的更高層次。

願你能更好地修養你的心態，因為心態關係著你的命運，好的心態有助於你事業成功，愛情豐收，而要是沒有了好的心態，心亂如麻，剪不斷理還亂，會有好的結局嗎？

我們需要有良好且陽光的心態去面對這個人生，只要我們的心態夠好，人生就會更好；心態夠陽光，人生就不會天天是陰天。至於如何有好的心態，這就需要你從書中認真地去體會了。你最終會明白，心態決定命運並不只是一個傳說，只要你有好的心態就會有好的命運，相反，心態不正則人生會灰暗。

目錄

CONTENTS

01 CHAPTER 正心篇〉擺正自己的心態

在面對生活中不如意的事，我們要有良好的心態，看清自己，這樣才能從容不迫，使問題得以化解。

02 CHAPTER 慧心篇～擁有良好的眼力

俗話說：人心隔肚皮。能慧眼識人是非常重要的一件事！我們要培養我們識人的能力，這將會讓我們在無形中從別人那裡獲益匪淺。當然，有好的眼力，也要看清自己，努力使機遇變成現實。

CONTENTS 目錄

03 CHAPTER 愛心篇 ﹀ 奉獻親切的關懷

愛不是索取而是奉獻，只要能讓人感到溫暖的愛心，你就達到了一定的層次。讓更多的人感受到你親切的關懷吧，哪怕是一句讚美，一個微笑，都會讓他們如獲新生。

CONTENTS 目錄

04 CHAPTER

養心篇〜達到心靈的高境界

我們所追求的就是心態上的境界，要做到很難，但有所求有所不求，適時糊塗，耐得寂寞，我們還是會成就一番事業的。關鍵是要學會讓自己快樂，追求自己想要的並貫徹到底。

CHAPTER 01

正心篇 ›

擺正自己的心態

在面對生活中不如意的事，我們要有良好的心態，看清自己，這樣才能從容不迫，使問題得以化解。

不要隨便否定自己

人生在世，最忌諱的就是看不清真正的自己。你在這個世界上是獨一無二的，除了你之外沒有人知道你到底能力如何，無論在什麼樣的情況下，都不要隨便否定自己，因為別人能做的事情你也能做到。這個世界脈動取決於人為的因素，一切都在你的改變中而變化。

有的人常常意志消沉，覺得自己這也不行那也不行，在社會上是個「窩囊廢」。既然他們那麼認為，相信他們最終不會有什麼作為，連最起碼的自信也沒有，更何況是樹立自己人生目標的航向呢？

其實，面對錯綜複雜的萬事萬物，你常在不經意間低估了自己所能做到的事，當然，別人的確能做到許多事，但你只和別人比較，註定成不了大事。因為你是優秀的，只要你認為你行，並做下去，你就會在無形中發現自己原來很優秀。

有位著名學者在小學裡做了一個實驗：

新年第一天，這位學者讓校長對三位教師說：「我這幾天查看了你們過去的教學資料和成績，認為你們是本校最優秀的老師。因此，我們特別挑選了一百名全校最聰明的學生分別組成三個班級讓你們帶領。這些學生的聰明才智比其他孩子都高，希望你們能讓他們取得更好的成績。」三位老師都高興地表示一定會盡力。校長又叮囑他們，對待這些孩子要像對待其他學生一樣，不要讓孩子或孩子的家長知道他們是被特別挑選出來的，而老師們都答應了。

經過一年的時間，三個班的學生成績果然令人注目，在整個學區裡都名列前茅。這時，校長對三位老師揭開真相：這些所謂最聰明的學生，其實是隨機抽樣出來的。三位老師十分驚訝，他們沒想到會是這樣，於是就都認為這是因為他們高明的教學水準的功勞；沒想到，更讓這三位老師跌破眼鏡的是，這時校長又告訴了他們另一個真相，那就是他們三位也不是特別挑選出的優秀教師，只是隨機選擇的。

讀到這裡，很多讀者驚訝不已。其實，這三位教師都認為自己是最優秀的，並且所帶的學生又都是最聰明的，因此對教學工作充滿了信心，工作自然積極，也就一定能取得好成績。

無論做什麼事情，最怕的就是對自己沒信心，否定自己的能力，當面臨一些艱難挑戰時，還沒嘗試就覺得自己做不了，結果當然是一事無成。反之，如果做事之前充分地肯定自己，對自己充滿信心，堅定地對自己說「我能，我行。」，那麼即使是一些以前從未做過的事情也能做得很完美，甚至能創造奇蹟。

不要隨便貶低自己，要相信自己：無論人生道路是多麼的崎嶇不平，我們都一定能到達。要正確面對失敗與挫折，認真總結經驗教訓，永不放棄。失敗了並不可怕，可怕的是我們失敗之後不知道從經驗中檢討。失敗是每個人在前行路上必經的坎坷，不要因為小小的失敗而否定自己的能力。

我們很渺小，猶如浩瀚大海中的一滴水。可是渺小並不意味著可憐，渺小也不可以隨便否定自己。如果我們連自己都隨便否定自己的存在，又怎麼能要求別人來承認自己。

認真對待自己的工作

既然你選擇了這個位置，選擇了這個職業，你就應該時刻記住，這是你的工作！你必須接受它的全部，而不僅僅只是享受它所帶給你的利益和快樂。就算是遭遇責罵或者屈辱，那也是這個工作的一個部分。如果一個清潔工人不能夠忍受垃圾的氣味，那麼他能成為一個合格的清潔工嗎？

美國獨立企業聯盟主席法里斯講起他少年時的一段經歷：

在法里斯十三歲的時候，他開始在他父母建立的加油站工作。那個加油站裡有一間打蠟房、兩條修車地溝和三個加油泵。法里斯那時非常想學修車，不過他的父親叫他在櫃檯接待顧客。

當有汽車開進來的時候，法里斯必須在車子停穩前就站到駕駛座旁，然後忙著去檢查蓄電池、查油量、膠皮管、傳動帶和水箱。從中，法里斯發現，如果他做得出色的話，那麼顧客大多數還會願意再來光顧。於是他努力幫助顧客擦去車身、擋風玻璃和車燈上的油污。

有一段時期，有一位老太太每週都要開著她的車來清洗和打蠟。不過老太太這輛車的車內地板凹陷極深，打掃起來十分吃力。而且與這位老太太打交道也並不簡單，每當法里斯給她把車準備好的時候，老太太都要再仔細地檢查一遍，讓法里斯重新打掃乾淨，直到清除掉每一縷棉絨和灰塵後她才會露出滿意的笑容。

時間長了，有一次法里斯實在受不了，他非常不願意再侍候那位老太太。後來，法里斯回憶說，他的父親這樣告訴他：「孩子，請你記住，這是你的工作！無論顧客說什麼或者做什麼，你都要做好你的本分，並且以你應有的禮貌主動地去接待顧客。」

父親的話讓法里斯內心非常有感觸，法里斯說：「正是在加油站的工作，使我漸漸學習到嚴格的職業道德和那些應該如何對待顧客的方法。而所有的這些東西在我以後的職業經歷中都起了顯著的推動作用。」

「記住，這是你的工作！」我認為，應該把這句話告訴給每一個員工。

對那些不懂得自我批判，總是推卸責任，沒有激情的人；對那些不想盡力提供超出客戶預期的服務，不能最大限度地滿足顧客要求的人；對那些對自己的公司、老闆、工作處處不滿意，總是挑三揀四的人；對那些不能按時完成自己的本分工作，不能優秀地完成上司交付任務的人；對那些在工作中老是抱怨，尋找種種藉口為自己開脫，推三阻四的人——最好的救治良藥就是：端正他的坐姿，然後對他大聲而且堅定地說：「記住，這是你的工作！」

記住，這是你的工作！不要忘記你的使命，不要忘記你的責任，不要忘記工作賦予你的榮譽。

記住，這是你的工作！美國某任教育部長貝內特曾經這樣說過：工作是需要我們用生命去做的事。這樣的一句話，對於工作而言，我們又怎能去輕視它、懈怠它，甚至踐踏它呢？我們應該時時刻刻懷著感激和敬畏的心情，盡自己最大的努力，去把它做到完美。

除非你壓根就不想幹了，否則的話，你沒有理由不認真對待你自己從事的工作。當我們在工作中遇到困難的時候，當我們試圖以種種藉口來為我們自己開脫的時候，讓「記住，這是你的工作！」這句話來喚醒你心中沉睡的意識吧！

到小地方做小事

「水往低處流，人往高處走。」或許已經成了這個社會的人才走向，不過，有的時候到小地方做小事，將有助於你才能的進一步發揮。

放眼未來，很多人都一直往上攀，然而和競爭對手爭得頭破血流，到頭來不但願望沒有實現，還留下了遺憾，何苦呢？

對於那些小地方小事情，很多年輕人都會認為自己是有志向的，不必去做那些不起眼的事情，然而「一屋不掃何以掃天下」，小地方固然不是你夢想的去處，但它也可以給你盡情發揮才能的機會。因為在小地方，競爭不是那麼激烈，你也不會被淘汰，更不會自卑，你會覺得你很有潛力，因此可以進而把自己的潛能更大地發揮出來。

台灣社會目前正產生了一個很奇特的現象，失業人口激增，其中不乏許多頂著高學歷光環的畢業生，他們有些是應屆畢業生，有些是待業了好一段時間，失業人大吐苦水說找不到工作，企業則大嘆找不到人才，這中間到底出了什麼問題？據統計，台灣目前有大學學歷的人，失業率達 6.19%，而碩博士人數突破百萬，但失業率卻為3.32%，比專科生的 3.17%還要高。「畢業即失業」的標語不知不覺已經存在了好多年。

這群擁有高學歷的菁英，求職時不願屈就，寧可回到校園擔任助教或進行博士後研究。而有博士學位者近八成會進入教育界、一成進入政府部門，進入民間企業者不到一成。不像國外博士生畢業後很多都到產業界工作；目前台灣一年畢業的博士生人數約三千五百人，而博士生心目中的理想教職工作缺額根本不可能有那麼多。

由此可知，並非企業找不到人才，而是人才願不願意屈就，前陣子碩士生到連鎖量販店應徵基層人員工作的新聞炒了好幾天，普遍認為碩士生頂著高學歷卻去做不符合他所學的基層工作，是浪費了他從前的學習資源，這個觀念並不完全正確，他去賣場喊價、補貨、殺魚，並不代表他會一輩子都做那個，記者訪問了賣場經理，她說：「只要你願意從基層做起，拗得下，彎得下腰，事實上你有很好的升遷管道。」

而一位同樣頂著國立大學光環畢業的林先生，當年畢業後跑去做餐飲業，從基層的端盤子、清理桌子服務生開始做起，他常被親友嘮叨的唸道：「端盤子，沒前途」。他對記者說，萬丈高樓平地起，基層工作只是一個過程，我不會從二十歲端盤子端到四十歲。林先生熬了九年終於熬出頭來，現在他是管理六家餐廳的區經理，年薪破百萬。說到頭來重點還是「態度」，高學歷彎得下腰，就算從基層開始，一樣有機會熬出頭，這種心態是現在年輕人所應該學習的。

為什麼態度很重要？下面有個例子：

曾有科技業人士在有關高學歷人才找不到工作的相關新聞下留

言，他敘述了公司面試一位擁有高學歷名校畢業生時的情形，當時公司問那名高學歷畢業生是否會解程式，那名畢業生竟用輕蔑的態度說他不會口頭解釋，也不願意花時間跟業主解釋，但他就是會解。然後他要求的起薪是五萬元。我們暫且先不談這位人士的留言是真是假，也不管他敘述的情形是否誇大。但我們可以很清楚地知道，態度是很重要的，如果態度像例子中這位畢業生一樣，那麼不管大地方還是小地方都不會願意接納你。

不光企業上如此，任何職業都類似，要是你在大的地方處處碰壁了，不要感慨時運不濟，也不要去怨天尤人，去小地方發展吧！你會找回你自我，當你已經具有足夠競爭的能力了，再回到大地方去做大事情也未必不是一件好事。

時刻保持危機意識

人生在世，世事難料，說不定哪天你會被淘汰，也說不定哪天你有可能從一個富翁變成一個窮光蛋。意識與無意識當中，許多事情常常難以避免，我們很難預測到不久後的將來會發生什麼事情，但無論如何我們心中都要保持警惕。要在這個世上快樂健康地成長，沒有一點危機意識是不行的。

沒有危機意識就會面臨到「殺機」，時刻保持著危機意識就會迎來新的「生機」。

可以這樣說，一個團隊是否有危機意識，關係到它應對環境變化的行動力，也維繫著它的成長與創新。要是一個團隊滿足於過去，就會容易忽略競爭環境的變化，從而喪失危機的意識。而一個缺乏危機意識的團隊，它的變革意願會越來越低，創新的動力也就會隨之減弱，當然，這個團隊也就越容易在競爭的洪流中遭受挫敗。

有這麼一則故事：

發源於阿比西尼亞高原的尼羅河，全長六千七百公里，流經蒲隆地、烏干達、盧安達、蘇丹、埃及、剛果、坦尚尼亞、衣索比亞和肯亞等九個國家，是非洲第一大河。

尼羅河有兩條上源河流，東源出自阿比西尼亞高原的塔納湖，稱作青尼羅河；西邊的源頭出自蒲隆地群山，經非洲最大的湖——維多利亞湖向北流，被稱作白尼羅河。青、白尼羅河在蘇丹的喀土穆匯合，然後流入埃及。尼羅河谷和三角洲是世界文化的發祥地之一，更是埃及文化的搖籃。

盟軍的兩支部隊，分別是英國軍隊和美國軍隊，他們在 1942 年的冬天分別從地中海沿岸和紅海東岸向駐紮在北非的一個德國軍營挺進，他們的任務是從那裡的納粹集中營救出被關押的五百多名北非土著和英國軍人。

英國軍隊渡過尼羅河，穿過一段叢林後，沒有遇到敵軍的埋伏，甚至連野獸的襲擊也沒遇到，行軍極其順利，一路上十分平安。

從紅海東岸起程的美國軍隊，則要穿過一段沙漠，渡過一條沒有橋的河流，還要衝破敵人的兩道防線，更為要命的是在他們突破第二道防線後，準備安營紮寨休整小憩時，希特勒安置在蘇丹東部的一支部隊向他們撲了過來。而這時，他們已經疲憊到了極限。

這樣經過十多天，盟軍按計劃攻下了阿爾及利亞東部的德軍駐紮點，成功地進行了營救。誰也沒有想到，立下這一汗馬功勞的並不是英軍，而是當時已危在旦夕的美軍，當德軍追上來時，美軍早已經順利完成任務，沿著英軍的進軍路線撤退了。撤退途中，美軍遇到一個英國士兵，英國士兵告訴他們：「德軍突然衝散了我們的部隊……」美軍「為什麼一支強大的軍隊就這樣輕易地被衝散了呢……？」

斯特羅斯指揮官問。

英國士兵也不知道為什麼，他沉默了。當他真正明白箇中原因時，他已經成了一位老人。戰後他一直在一個山林裡過著悠閒自在的狩獵生活，和他相伴的是一條非常勇猛的獵狗。1962 年，他結束了打獵生涯，買了一座莊園，養起了一群雞鴨，獵狗也就成了莊園的主人。三個月後，向來威猛的獵狗開始萎靡不振起來，牠頂多就是百無聊賴地到莊園中間那個小山丘上逛一圈，然後無精打采地回到牠的大狗屋裡呼呼大睡，然後牠很快就瘦得像一具標本了。老士兵很著急，但不知道怎麼做才能改變現狀。很快就到了冬天，一隻覓食的蒼鷹光臨了他們的莊園，牠低低地在上空盤旋，獵狗突然雙目發光，竄起來沖著蒼鷹狂吠，非常地威風。然後獵狗在那天不同於以往地吃了很多東西，一改往日的萎靡不振。

老兵有所醒悟地把從山裡捕回來的一隻狼拴在莊園外的一棵樹

下。從此以後，情況開始發生變化了，獵狗只要看到狼就顯得非常有精神，而且身體一天天胖了起來。

又過了十多年，獵狗病死後老士兵去了日本旅遊。他偶然看見幾個孩子在玩一個叫做「生存」的遊戲：一些卡片上分別有老虎、狼、狗、羊、雞和獵人等圖案，三個孩子各執一副，暗自出牌，虎能通吃，兩個獵人碰到一塊兒能夠打死一隻虎，一個獵人能打死一隻狼，兩隻狼碰在一起可以吃掉一個獵人。老士兵想，有道理。但是他卻發現，當每個孩子手裡的虎與狼都滅亡後，一隻狗就可以被一隻羊吃掉了。

老士兵不解地問道，羊怎麼能吃掉狗呢？於是三個孩子認真地說：「因為虎和狼沒有了，狗就處在一種安逸與放鬆的享樂狀態中，在我們的生存遊戲中，此時不僅一隻羊能吃掉它，就算是兩隻雞碰在一起都能將狗吃掉。」

所以俗話說：生於憂患，死於安樂。沒有了對手可以較量，沒有了危機與競爭，任何一種事物都會開始萎靡倦怠，進而走向頹廢以至滅亡。只有時時保持一種警惕和危機意識，才會始終鬥志昂揚、精神飽滿，也才有動力去不斷學習、不斷前進，追求更高和更強的目標。從小動物的身上，我們能悟出一些生活的道理，從而看到人類的縮影。

不去抱怨命運

不少的時間我們總是在哀歎自己不得志，實際上，這只是我們對人生機遇沒有把握住的傷感，特別是人到了一定的年齡，如果還未有所作為，這種感受就會更加深刻，隨之，我們的哀歎也就會越多。因此，人生機遇非常重要，不積極抓住，讓它從身邊溜過去，就會留下很多的遺憾。然而，對於有些事情，如果我們真的去努力了，即使不成功的話也不要遺憾，因為我們確實去努力過了，所以不要認為自己還有遺憾。

我們也常常感嘆，感嘆人生的不如意，其實開啟命運之門的鑰匙有時候並不是掌握在別人手裡，而是恰恰掌握在自己手中，只是我們不知道怎麼去運用，或者是沒發現而已。其實人生就像是踢一場足球，那白色的球門是一種永恆的誘惑，只要你存有一口氣，就必須去爭搶、衝撞、射門，摔倒了再爬起來，受傷了就咬緊牙關……贏球的瘋狂，輸球的痛苦，平手的遺憾，這便是競爭！當然，這也是一種生活！

不管什麼樣的競爭都意味著活力，意味著突破，意味著求新，意味著發展。眾所皆知，自然界發展史就是「物競天擇」的淘汰史；人類發展史就是「百舸爭流」的競爭史。競爭與風險同在。勝利者被大家重視，失敗者便被淘汰掉，很正常的自然規律。競爭就好比大海中弄潮的小舟，它既可以被推上波峰，又可以被拋下浪頭；既可以隨浪花一起開得璀璨，也可以隨泡沫一同跌得粉碎。

不知道大家知不知道，有這樣一則故事，頗令人深思。

有一家公司要裁員，名單公佈下來，有辦公室的李嫵俐和王茹芸，公司要她們在一個月後離職。那天大夥兒見到她們倆都小心翼翼，誰都不敢與她們多說一句話。因為她倆眼眶都紅紅的。這事發生在誰身上都無法接受。畢竟一份工作就是自己生活的來源啊！

次日清晨，李嫵俐的情緒仍然非常激動，誰跟她說話，她都如同吃了一肚子火藥，逮著誰便向誰開火。裁員名單是老總定的，與其他人沒關係。其實李嫵俐也知道這點，可心裡憋得很，又不敢找老總去發洩，只好找杯子、資料夾、抽屜出氣。「砰砰」、「咚咚」，大夥兒的心被她提上來又摔下去，空氣都快凝結了。人之將走，其行也哀，大家沒有一個人去責備她。

但是李嫵俐仍舊咽不下這口氣，於是她又去找主管訴苦，找同事訴苦。「憑什麼把我裁掉？我幹得好好的……」眼珠一轉，滾下淚來。

身邊的人心裡酸酸的，恨不得乾脆就讓自己替換李嫵俐。辦公室訂便當、傳送資料、收發信件，原來屬於李嫵俐做的工作，現在她根本就不再過問。

李嫵俐原來是非常討人喜歡的，不過現在這時候，她人還沒有走，大家卻有點討厭她了。

王茹芸也很討人喜歡。同事們早已習慣了這樣對她說：「茹茹，把這個key一下，快點兒！」

「茹茹，快將這個送出去！」

她總是連聲答應，手指像她的舌頭一樣靈巧。

裁員名單公佈後，王茹芸哭了一晚上，第二天上班也無精打采，可打開電腦，拉開鍵盤，她就和以往一樣地開始工作了。王茹芸知道大家都顧及她的心情，見大夥兒不好意思再吩咐她做什麼，便特地跟大家打招呼，主動找事做。她說道：「是福跑不了，是禍躲不過，反正已經這樣了，還不如好好做完最後一個月，以後就沒有這個機會了。」此時，王茹芸心裡漸漸平靜了，仍然勤勞地打字複印，隨叫隨到，堅守在自己的工作上。

一個月滿，李嫣俐如期離職，而王茹芸卻被從裁員名單中刪除，留了下來。主管當眾傳達了老總的話：「王茹芸的工作，誰也不能替代；像王茹芸這樣的員工，公司永遠不會嫌多。」

看看，這就是李嫵俐與王茹芸的差別！

我們常常無病呻吟，但是怨天尤人的憤怒情緒，只會將事情搞得越來越糟，將解決問題的機會再次錯過。當你流連於小溪邊的愜意時，也就是滿足了自己的平庸；當你欣賞到山峰突兀的險峻時，也就瞭解到自己擁有卓絕的機會。勇於進取就是一種魄力，勇於面對失敗也是一種魄力；我們不能只取其一，聰明的人懂得在失敗後總結教訓，愚蠢的人則牢牢守住自己永遠的失敗。

面對厄運有勇氣

要是你真的跌入你所可能跌入的最深的谷底，這表示你不能夠再跌得更深了，在這種狀況下你還算是幸運的。在你所處的地方，你只有一個方向能走，就是往上爬。你的狀況或許十分艱難。不過你要知道，不要抱持「我現在所處的情況是沒有人曾經有過」的這種態度，因為這種情況是不存在的。

你一定要記住，有人已經克服過種種可能的困難，包括你現在所處的困境在內。雖然你感覺全然無望，也許這種困境對所有的人都很難熬，可就是有人找到了出路，因此你也可以找到向上的、超越的、可以通過的路。

美國著名的商品零售高手弗蘭克•伍爾沃斯於 1879 年開辦了美國第一家零售店。還沒經商前，他的生活非常貧困，無論怎麼努力，也很難改變困窘的狀況。

於是，他離開農場，為謀求一份店員的工作，沿著鎮裡的店鋪挨家訪問。然而，因為他沒有銷售經驗，沒人願意僱用他。

後來，他來到一家小零食店，由於沒有經驗，老闆僅僅答應給他提供食宿，但沒有薪水。再後來，他到了一家布店，老闆同樣認為他沒有經驗，不讓他接待客人，而是讓他大清早到店裡升爐火，然後擦窗戶、送貨，而且要半年後才支薪。於是他說：「在農場工作了十年，我才存得了五十美元，這些錢僅僅能維持我三個月的生活費，請老闆至少從第四個月開始，付我日薪五十分錢吧！」

老闆答應了他的請求，但條件是每天必須工作十五小時，也就是每小時三分錢。他的事業就這樣開始了。

一年以後，他用借來的三百美元開了一家商品零售店，銷售的全是五分錢的貨物。十多年後，他建造了當時世界第一高樓，即伍爾沃斯大廈。

還有這樣一個故事：

從前有一個窮人，他決心要改變現狀，於是告別父母，千里迢迢來到北方，在大森林裡尋找人參。但是他並沒有得到幸運之神的眷顧，他在大森林裡迷了路，身上帶著的乾糧吃完了，水也沒了。在茫茫無際的大森林裡，他找不到出山的路徑，而且隨時都有可能葬身於野獸之腹。

在森林裡漫無目的走了三天的他筋疲力盡，奄奄一息。夜幕降臨時，聽著陣陣樹葉拍打聲和野獸的怪吼聲，無邊的恐懼像潮水一樣向他襲來。他感到自己快不行了，但他不想死在這裡，他要活著走出這片森林。餓極了，他就隨便抓起一把草塞進嘴裡，不停地咀嚼，微苦的草汁流進胃裡，就覺得不那麼餓了。他躺在地上數著天上的星星，「一顆、兩顆、三顆……」，就這樣，他與寒冷和饑餓對抗著。

不知不覺中，天亮了，萬道霞光從森林的枝葉間透進來，採參人漫不經心地看了看他昨夜隨手抓過的草，突然，在那片草叢中他看到了火紅的參花！是那麼新鮮，那麼耀眼。採參人彷彿看到了希望，於是沿著太陽的方向，他走出了森林。

雖然每個人都不希望貧窮，但貧窮可以磨煉人的品性和意志。很多人就是因為不怕貧窮，勇於衝破困境和阻力，所以才能打開一條從沒有人打開過的通往成功之路。

福勒出生在美國路易斯安那州一個貧困的黑人家庭裡，五歲時就開始工作，福勒的大多數夥伴都是佃農的孩子，他們都很早就開始參與工作。這些家庭認為貧窮是命運的安排，因此並不要求改善自己的生活。

但是，小福勒與其他小朋友不同：他有一位不平常的母親，母親不肯接受這種僅夠糊口的生活。她時常對兒子說：「福勒，我們不應該貧窮。我不願意聽到你說：『我們的貧窮是上帝的意願。』我們的貧窮不是上帝的緣故，而是因為你的父親從來就沒有產生過致富的願望。我們家庭中的任何人都沒有產生過出人頭地的想法。」

「沒有人產生過致富的願望。」，這個觀念深深的烙印在福勒的心靈深處，以至於改變了他整個的人生。刺激他把經商作為生財的一條快捷方式，最後他選定經營肥皂生意。於是，在接下來的十二年裡，他挨家挨戶推銷肥皂。

後來，當他得知供應肥皂的那個公司即將拍賣出售的消息後，就非常想將它買下，於是他以自己在多年經營活動中樹立的良好信譽作保證，從朋友那裡借了一些錢，又從投資集團那裡得到了幫助，終於籌到十一萬五千美元，但還差一萬美元。

當他漫無目的地在街區漫步時，看到一家承包事務所的窗子裡還亮著燈。福勒走了進去，看見書桌後面坐著一個因深夜工作而疲憊不

堪的人，福勒直截了當地對他說：「你想掙一千美元嗎？」這話嚇得那人差一點倒下去，

「想，當然想了。」

「那麼，請你開給我一張一萬美元的支票，事成後，我將另付出一千美元利息給你。」離開這個事務所的時候，福勒口袋裡已經有一張一萬美元的支票。

「功夫」不負苦心人。最後，他不但得到那個肥皂公司，而且還取得了其他七個公司和一家報社的控股權。當有人向他請教成功之道時，他用母親多年以前所說的那句話回答：「我們是貧窮的，但不是因為上帝，而是我們從來沒有想過要致富。」

很多時候面對困難，不是因為我們克服不了，而是因為我們缺少克服的勇氣，有勇氣，自然水到渠成，也就早一日可以逾越那個障礙了。

挫折是成功的預兆

人生的道路中充滿著曲折和艱難險阻，正是因為這樣，在你追求人生目標的過程中，一定會遇到許多困難，甚至會和厄運相遇。許多人面對挫折時總是悲觀失望，萎靡不振，沮喪不已，對自己的前程心灰意冷，失去了向上的信心。其實，他們殊不知挫折對人生來說是一個良好的開端，因為只有在那個時候，你才能冷靜下來，重新思考你前方要走的道路，然後重新做出選擇。

有一個人十分熱衷於旅遊，有一年暑假他帶著兒子去參觀梵谷的故居。在看過那張小木床及裂了口的皮鞋之後，兒子訝異地問父親：「梵谷不是一位百萬富翁嗎？」父親答：「梵谷是位連妻子都沒娶的窮人。」

第二年，父親帶兒子去了丹麥。站在安徒生的故居面前，兒子

問：「爸爸，安徒生不是生活在皇宮裡嗎？」父親答：「安徒生是位鞋匠的兒子，他常年就生活在這棟閣樓裡，過著貧苦的生活。但是你可以看到，他還是那麼地富有想像力，創造出那麼多經典的童話。」

這個人是一個水手，他每年往來於大西洋各個港口，而那個被父親帶著旅遊的兒子名叫伊爾•布拉格，他是美國歷史上第一位獲得普立茲新聞獎的黑人記者。

後來，成名的布拉格在回憶童年時說：「當時我的家境非常貧困，父母都靠出賣苦力為生，有很長一段時間，我一直認為像我們這樣地位卑微的黑人是不可能有什麼出息，也不可能成功的，好在父親讓我認識了梵谷和安徒生，這兩個人給了我人生很大的啟迪，讓我更加堅定地選擇了自己的人生目標。」

從他們這一類人的故事中，我們通常可以發現這樣一個事實：造化有時會把它的寵兒放在社會底層，讓他們操著卑微的職業，使他們遠離金錢、權力和榮譽等等，讓他們忍受著生活的貧苦，可是在某個有意義和價值的領域中讓他們脫穎而出。

我們在自然中行走時，你會發現：那些最偉岸挺拔的樹林總是在最陡峭的岩石中紮根，昂首向天；那些最嬌豔的花朵總是在最黑的土地上生長著。

一位哲人說：「並非每一次不幸都是災難，早年的逆境通常是上天賜予你的一種幸運。與困難作鬥爭不僅磨練了我們的人生，也為日後更為激烈的競爭準備了豐富的實踐經驗。」

在現實生活中，常會看到這樣的人，他們因自己角色的卑微而否定自己的智慧，因地位的低下而放棄兒時的夢想，甚至因不被人賞識而苦惱，因被人歧視而意志消沉。他們沒有自己的定位，最後只能一味地甘於平庸，默默地過完自己的這一生。

這是一個多麼大的錯誤啊！其實造物主往往把高貴的靈魂賦予卑

賤的肉體，就像我們在日常生活中，總是把貴重的東西藏在家中最不起眼的暗處角落。

「饑餓沒有什麼可怕的，真的，爸爸，」一個耳聾的男孩苦苦地央求父親把他從救濟院出去，讓他去獲得接受教育的機會，「我們生活在一個物資充足的社會中，我明白怎麼樣可以擺脫饑餓。至少很多窮人都是長期靠一點點糖果來維持生存，感到餓得難受時，他們就用一根帶子把自己的肚子勒緊，不是嗎？為什麼我不能這樣？還有，灌木叢裡長滿了黑莓和堅果，而原野上到處都可以找到蘿蔔，它們都可以用來充饑；一個乾草垛就是一張很好的床……」

這個可憐的耳聾男孩就是基托，一個有著酒鬼父親的「小乞丐」，然而，正是這樣一個孩子，最後成了有史以來最優秀的聖經學者之一，名揚世界。

貧窮並不可怕，關鍵是我們對待貧窮的態度。

挫折是一個人的煉金石，但人也不是鐵打的，總會有難過想放棄的時候，那怎麼辦？大哭一場吧！把你所有的不滿全部都發洩出來，將難過和悲傷都哭光，然後再挺起身去和生活打仗，為將來去奮鬥。

上天要給人好東西時，通常不會有好包裝。外表太美的東西，裡面反而可能是毒藥，就像顏色鮮豔的蘑菇一定是有毒的道理一樣。因為上帝不懂禮品包裝這門藝術，只是把一塊璞玉丟在了人世間，需要我們自己去雕刻。

許多挫折往往是好的開始，是另一種成功的預兆。有人在挫折中成長，勇往直前；也有人在挫折中跌倒，從此一蹶不振。這之中的差別，在於個人對待逆境的態度如何。站起來便能成就更好的自己；硬是在地上賴著，自怨自憐悲歎不已的人，則註定只能繼續哭泣。而上帝總是幫助那些自己願意勤奮的人。

不曾經歷過挫折的人生，根本不能算是人生。人類的成長，通常是由許多的挫折組成的。就如某句名言：幻滅是成長的開始。

自信與成功成正比

人們常說，失敗是成功之母，而自信也是成功的必要條件。一個人的自信程度往往取決了他後來能否成功和成功的力度。相信自己是天鵝的人，他就不可能是醜小鴨；而對自己一切否定的人，就不會摘到成功的桂冠。

一粒沙子，放在沙漠裡它是一粒沙子，而感覺不到自己的價值；一粒沙子，如果鑲嵌在珠寶玉器上，它會十分地滿足，也會像金子一樣散發出迷人的光澤。這並不是說，人生活在優越的環境裡就可以成功。其實，相信自己可以成功的人，他遲早會與成功碰撞，而那些認為自己什麼也不能的自卑的人，你可想而知他的結局。所以，當然還是和好的東西在一起，那樣更容易提起你的自信心，使你覺得自己非常有價值。

一個身世悲苦的孤兒，想知道如何才能得到幸福，便去向一位高僧請教。高僧指著角落一塊陋石說：「你把它拿到市集去，但不管誰要買這塊石頭，你都不要賣。」於是，孤兒便帶著石頭來到市集。第一天、第二天，無人問津；第三天，便有人來詢問；第四天，石頭已經能賣到一個很好的價錢了。高僧又說：「你把石頭拿到石器交易市場去賣。」第一天、第二天人們視而不見；第三天，有人圍過來問；以後的幾天，石頭的價格已被抬得高出了石器的價格。高僧又說：「你再把石頭拿到珠寶市場去賣……」

你可以想像得到，又出現了以往那種情況，甚至於到了最後，石頭的價格已經比珠寶的價格還要高了。其實世上人與物皆如此，若你認定自己是一個不起眼的陋石，那麼你可能永遠只是一塊陋石；若你堅信自己是一塊無價的寶石，那麼你就可能是一塊寶石。每個人的本性中都隱藏著信心，高僧其實就是在挖掘孤兒的信心和潛力。信心是一股巨大的力量，只要有一點點信心就可能產生神奇的效果。信心是人生最珍貴的寶藏之一，它可以使你免於失望；使你丟掉那些不知從何而來的黯淡念頭，使你有勇氣去面對艱苦的人生……相反，喪失了信心，則是一件非常可悲的事情。喪失了信心，就會覺得自己一無是處，於是對任何事物都失去希望，最後變得碌碌無為，一事無成。

信心是一種神奇的力量，它有時可以讓你變得無所不能。有信心的人，即使會遭遇挫折危難，他也不會灰心喪氣。因為自信使他能夠感覺到自己的能力，其作用是任何東西都無法替代的。堅持自己的理念，有信心依照計畫行事的人，比一遇到挫折就放棄的人更具優勢。

一位頂尖的保險業務經理要求所有的業務員每天早上出門工作之前，都要花五分鐘時間對著鏡子裡的自己說：「你是最棒的保險業務員，今天你就要證明這一點，明天也一樣，一直都是這樣。」經過這位業務經理的安排，每一位業務員的丈夫或妻子，在他們的愛人出門工作之前，都以這一段話向他們告別：「你是最棒的業務員，今天你就要證明這一點。」人都是需要信心的，我們一旦失去了信心，就違背了自己的本性，一切都不敢肯定，人生就沒有穩固的根基了。命運永遠掌握在強者手中，也許你曾經失去過，但失去後，你學會了珍惜；也許你曾失敗過，但失敗後，你學會了堅強；也許你相貌平平，也許你一無所長，但你不應該自卑，因為也許在某方面你存在著驚人的潛力，只是你還沒有發覺罷了。正視自己，更深層地挖掘潛力，相信天生我材必有用，是金子就一定會發光。面對挫折困境，不要抱怨，不要覺得不公，因為這是上天相信我們才會給我們的考驗。

雖然我們只是芸芸眾生中的一個普通人，沒有俊秀的外表，沒有出眾的才藝，但是我們要懂得平凡也是一種美，一種默默綻放的美。所以我們不要被世間的功名利祿所累，知足常樂，樂觀地去面對生活中的每一天，不論快樂或悲傷，人生能有幾回合，春去秋來，花謝花開，幹嘛自尋煩惱，虛度光陰呢？河流是永遠不會高出源頭的，人生事業之成功，亦必有其源頭，而這個源頭，就是夢想與自信。不管你的天賦有多高，能力有多大，知識水準有多高，你的事業上的成就，總不會高過你的自信。正如一句名言所說：「他能夠，是因為他認為自己能夠；他不能夠，是因為他認為自己不能夠。」

在這世界上，有許多人總認為別人所有的幸福是不屬於他們的，以為他們是不配擁有的，以為他們不能與那些命運好的人相提並論。然而他們不明白，這樣的自卑自抑、自我抹殺，將會大大減弱自己的自信心，也同樣會大大減少自己成功的機會。沒有自信，便沒有成功。

自信的人會依靠自己的力量去實現目標，而自卑的人則只有依賴僥倖去達到目的。自信者的失敗是一種人生的悲壯，雖敗猶榮。當我們詢問自己是否能夠成功時，成功還離我們有點遠，而當我們相信自己肯定能成功時，成功已經在我們的心靈深處紮根了。

自信能使幻想變成理想，理想成為現實。而自卑則會讓現實因懷疑而變得虛幻，讓理想因畏縮而變成空想。我們永遠要記住，我們的自信是與我們即將取得的成功成正比的。

做出自己的絕佳選擇

魚和熊掌，不可兼得。大千世界，芸芸眾生，人生十字路口，你該何去何從？面對一次次的選擇，你要當機立斷，可別為錯過了而懊悔不已，更不該為躊躇彷徨而導致終生碌碌無為。

有這麼一則故事：

當凱撒來到義大利的邊境盧比孔河時，那條看似神聖而不可侵犯的盧比孔河卻讓他的信心有所動搖。他想到如果沒有參議院的批准，任何一名將軍都不會被允許侵略一個國家。但是他的選擇只有「要嘛毀滅我的國家，要嘛毀滅我自己」兩種，最後他認為不要懼怕死亡，堅定的信念沒有動搖。於是，他帶頭跳入了盧比孔河。

正是因為那一時刻的決定，世界歷史隨著發生了變化。凱撒如同拿破崙一樣，能在極短的時間裡做出重要的選擇，哪怕犧牲一切與之有衝突的計畫。帶著他的軍隊，凱撒來到了大不列顛，大不列顛的人們誓死不向凱撒投降。凱撒敏捷的思維使他明白，自己必須使士兵們深刻懂得死亡和勝利的利害關係，他們才有可能取得最終的勝利。為了消除一切撤退的可能性，凱撒命令將大不列顛海岸所用的船隻全部都燒掉，這樣就沒有了逃跑的可能性。

不能取得勝利就意味著最後的死亡。這一理論是這場偉大戰爭最終取得勝利的關鍵所在。獲得成功的最有力辦法，就是迅速做出決定，立刻採取措施。那麼，該怎麼做一件事的決定呢？那就是排除一切的干擾因素，一旦你做出了決定，就不要再繼續猶豫不決，以免使最後的決定受到影響。有的時候，猶豫會使你失去很多。

實際上，如果一個人總是優柔寡斷、猶豫不決，或者他總是毫無意義地質疑自己的選擇，思考自己的選擇，那麼，一旦有了新的情況他就會輕易地改變自己的決定，這種人是成就不了任何大事情的！不會有人去信任消極的人，因為他們沒有必勝的信念；自信積極的人就不一樣了，他們是世界的主宰者。當有人問亞歷山大大帝他靠什麼征服整個世界的時候，亞歷山大大帝回答他們說：「堅定不移。」多麼強而有力的四個字，但說起來容易，做起來卻是非常的難！

一個真正的成功者，能夠使一個家庭、一所學校、一家公司、一個城市，一個國家乃至整個人類都會以他為榮。但他靠的並不是後者帶給他的榮耀，而是個人的努力。

某個深夜，斯蒂文‧惠特尼號輪船在愛爾蘭撞上了懸崖，船在懸崖邊停留了一會兒。最終，有些乘客獲救了，因為他們迅速地跳到了旁邊的岩石上；但那些遲疑害怕的乘客卻被打來的海浪捲走，永遠地被海浪吞沒。所以，優柔寡斷的人常因缺乏果斷、猶豫不決而失去成功的可能性甚至是生存的機會。機會往往來之不易，而且經常會很快地就消失，約翰‧福斯特曾經說過：「優柔寡斷的人從來不是屬於他們自己的，他們是屬於任何可以控制他們的事物。一件又一件的外在事物總在他猶豫不決時打斷了他，就好像小樹枝在河邊飄浮，被波浪一次次推動，捲入一些小的漩渦裡。」

古今中外，凡是有影響的人物都是能果斷做出重大決策的人。一個人如果總是優柔寡斷，在兩種觀點中遊移不定，或者不知道該選擇兩件事物中的哪一件，那麼，他將不能很好地把握自己的命運。因為他生來就屬於別人，只是一顆圍著別人轉的小行星。而那些果斷敏銳的人絕不會坐著等待好的條件，更不會錯過任何機會，他們會最大限度地利用已有的條件，迅速採取正確的行動。

西方精神分析學大師佛洛依德將空想命名為白日夢。佛洛依德認為，所謂白日夢是指人們在現實生活中由於某種欲望得不到滿足，他們通過一系列的幻想和想像，在心裡實現該欲望，進而為他們自己在虛無中尋求某種心理上的平衡。此外，弗氏理論還提出了一個關鍵性的詞：逃避。也就是說，過分沉湎於空想的人必定是有著逃避傾向的人，而且還是一個逃避傾向很濃厚的人，這正是空想的危害性所在。

生活需要選擇，空想不能解決問題，只有去做，去實踐，才能知道不足，才能有所領悟，才能學到知識。所以，不要優柔寡斷，只有做出自己的選擇，你才會離成功更近！

凡事不可操之過急

有一個孩子在草地上玩耍，當他玩累了想回家時，在路邊發現了一個蛹。他記得以前聽媽媽說蛹會變成蝴蝶，於是他把蛹撿起來帶回家，想看看蛹是怎樣化為蝴蝶的。過了幾天，蛹殼上出現了一個小裂縫，裡面的蝴蝶掙扎了好幾個小時，身體似乎被卡住了，一直出不來。小男孩一直趴在那裡看，但最終失去了耐心，他拿起剪刀把蛹剪開幫助蝴蝶脫蛹而出。被「解救」出來的蝴蝶身軀臃腫，翅膀乾癟，根本飛不起來。小孩以為蝴蝶可能是因為才剛從蛹出來，所以還沒適應吧，或許幾小時之後，蝴蝶的翅膀就會自動舒展開來；可是他的希望落空了，一切依舊，那隻蝴蝶註定要拖著臃腫的身子與乾癟的翅膀，爬行一生，永遠無法展翅飛翔——大自然的道理是非常奧妙的，每一個生命的成長都充滿了神奇與莊嚴，瓜熟蒂落，水到渠成；蝴蝶一定得在蛹中經過痛苦的掙扎，一直到牠的羽翅強壯了，才會破蛹而出。小孩善意的一剪，反而害了牠的一生。

如此這樣，我們也可體會「揠苗助長」、「欲速則不達」的真諦了。磨練和挫折都是成長必經的過程。急於成功，而又不得要領的人是不能順利成功的，別忘了日本名將德川家康的一句名言：「人生必須背負重擔，一步一步慢慢地走，總會有一天，你會發現自己是那走得最遠的人。」

任何公司，任何生意，任何成功，都是從無到有，從小到大，一步步踏實地走過來的。當今世界知名的比爾•蓋茲，曾經退學在父親朋友的電腦公司工作，積蓄了一定的資金後，他和幾個朋友先是共同投資創辦了一家小小的電腦公司，然而現在微軟公司已成為電腦行業當之無愧的龍頭老大。即便對於一般的商人來說，也都是從小本生意做起，通過艱苦的創業，靈活的經營，才逐步把事業壯大起來。為人處世也是如此，也有一個由小到大、苦心經營的過程。所以，所有的事情都應該一點一點的來，千萬不可操之過急！

天下沒有不勞而獲的財富

世上收穫最多的人，往往是付出最多的人。天上不會掉下禮物，任何妄想不通過努力就能獲得財富的人通常是癡人說夢。

從前，有一位國王愛民如子，在他的英明領導下，他的子民安居樂業、豐衣足食。深謀遠慮的國王卻擔心他死後人民是不是也能過上幸福的日子，於是他召集了國內的有識之士，命令他們找尋一個能確保人民生活永遠幸福的法則。一個月後，三位學者把三本六寸厚的帛書呈給國王說：「國王陛下，這三本書涵蓋了天下所有的知識，只要人民讀了它，就可以生活無憂。」國王不以為然，因為他認為人民不會花那麼多時間去看書。因此他再命令這些學者繼續鑽研。兩個月後，學者們把三本書簡化成了一本書送給國王。國王還是不滿意。又過了一段時間，學者們把一張紙呈上給國王。閱後，國王十分滿意地說：「嗯，這個不錯！只要我的人民日後都奉行這個寶貴的智慧，那麼他們一定能過上富裕的生活。」說完後便獎賞了學者們。原來，這張紙上只寫了一句話：天下沒有不勞而獲的財富。

很多人都想快速發達起來，可是他們卻不明白做任何事都必須老老實實地努力才能有所收穫。不能存有一點取巧、碰運氣的心態，而應該全力以赴。不要夢想著中樂透。一夜之間發達的夢想，那是人們努力的絆腳石。

自從傳言有人在薩文河畔散步時無意間發現金子後，這裡便常常有來自四面八方的淘金者。他們都想成為富翁，於是尋遍了整個河床，還在河床上挖出許多大坑，希望借助它找到更多的金子。的確，有一些人找到了，但是更多的人卻一無所得，只好敗興而歸。也有不甘心落空的，便駐紮在這裡繼續尋找，而彼得弗雷特就是他們其中的一個。他在河床附近買了一塊沒人要的土地，一個人默默地工作。他為了找金子，已經把所有的錢都押在這塊土地上。他埋頭苦幹了幾個月，直到土地完全變成坑坑洞洞，他失望了——他翻遍了整塊土地，卻連一丁點金子都沒看見。六個月以後，他連買麵包的錢都沒有了。所以他準備離開這裡到別處去謀生。

就在他即將離開的前一個晚上，下起了傾盆大雨，而且這一下就是三天三夜。雨終於停了，彼得走出小木屋，發現眼前的土地看上去好像與以前不一樣：坑坑洞洞已被大水沖刷平整，鬆軟的土地上長出一層層綠茸茸的小草。「這裡沒找到金子，」彼得忽有所悟地說，「但這裡的土地很肥沃，我可以用來種花，花長大後拿到市場上賣給那些富人。他們一定會買些花妝點他們的家園。如果真能這樣的話，我一定會賺很多錢，有朝一日我也會成為富人……」彼得彷彿看到了將來，高興地說：「好，不走了，我就在這裡種花！」於是，他留了下來。彼得花了不少精力培育花苗，不久田地裡長滿了各種色彩美麗嬌豔的鮮花。他拿到鎮上去賣，那些富人一個勁兒地稱讚：「瞧，多美的花啊，我們從來沒有見過這麼美麗的花！」他們樂意用少量的錢來買他們喜歡的花，以便讓他們的家變得更富麗堂皇。五年後，彼得成了一個富翁，實現了他的夢想。

要想採集到真正的「金子」只有用勤勞和才能，用自己的勞動去獲得你想要的，比幻想你想得到的更重要；認為勤勞是一種懲罰，而怠惰是一種幸福——這是錯誤的，而且是有害的錯誤。對於飽食終日無憂無慮的人，應該接受這個想法：人是不能不勞動的，人生幸福的必要條件不是怠惰而是勤勞。

幸福不可置疑的條件是勤勞，勞動是人所欲求的，當它被剝奪時，人便會引起苦惱。但勤勞並不是道德，若把勤勞當成功績或道德，就如同把吃東西當做功績或道德一樣奇怪。事實上，足以給我們帶來愉快和滿足的正是勤勞本身。

收穫可以使人忘卻不快的往事，只要有大的收穫，就會對前景充滿信心，再艱苦的工作也會變得很愜意。沒有付出，就沒有收穫。世上收穫最多的人，往往是那些付出最多的人。請記住：天下沒有不勞而獲的財富！

CHAPTER 02

慧心篇 〉
擁有良好的眼力

俗話說：人心隔肚皮。能慧眼識人是非常重要的一件事！我們要培養我們識人的能力，這將會讓我們在無形中從別人那裡獲益匪淺。當然，有好的眼力，也要看清自己，努力使機遇變成現實。

用另一種眼光看待世界

每個人都有自已心中的成見。不管是什麼事情，人們總是靠推己及人的方法來感知他人的內心世界。但是問題就在於每個人的內心世界終究是不同的，以至於有些人相差懸殊；要是只憑著自己的看法去解析他人恐怕不恰當，這樣就會把自己理解不了的舉動斥為異端。

一個人的眼鏡如果是紅色鏡片，他看的東西都是紅色的；一個人的眼鏡若是綠色鏡片，那麼他視線所及之物就全變成綠色的了。世間每個人都戴著一副有色的眼鏡，不論我們承不承認，人的內心深處總是有成見的。

「換眼鏡」可以說是門徒前藝術。姜氏欲立共叔段為王，但共叔段最終卻被鄭莊公打敗，避難於他國。而鄭莊公卻因此對自己的母親姜氏懷恨在心，「京城太叔」共叔段逃走不久，鄭莊公便把姜氏流放到潁城，還立誓說：「不及黃泉，絕不相見！」

可見鄭莊公對他母親姜氏的成見多深。後來，管理疆界的鄭大夫潁考叔聽說此事後，便求見鄭莊公見面並獻上一些東西，鄭莊公因此賜予他美食。潁考叔吃時把肉放在一邊，鄭莊公問他是何緣故，潁考叔說：「小人家有老母，我的食物她都吃過了，就還沒有吃過您的美食，請讓我把鮮美的肉留給她吧！」鄭莊公聽了感嘆說：「你還能留下食物給老母，我卻沒有呀！」潁考叔說：「你本有位母親，說這話是何意呀？」鄭莊公給他說明「不及黃泉，絕不相見！」的誓言。潁考叔笑笑說：「你何必為此擔心呢?掘地挖洞，直到鑿出泉水，有誰會說不行呢？」鄭莊公就依照潁考叔所說的做了，母子終於得以再度相見。《左傳》中說：「公入而賦，『大隧之中，其樂也融融』。姜出而賦，『大隧之外，其樂也洩洩。』遂為母子如初。」

厚著臉皮把他的兄弟逼出鄭國之後，鄭莊公對他母親的成見也逐

漸發生了變化。於是，鄭莊公摘下了原本的有色眼鏡，甚至因別人的一件小事而使他有了「爾有母遺，緊我獨無」的感慨；與原本的「不及黃泉，絕不相見」，顯然是鮮明的對比。鄭莊公的眼鏡是隨環境的變化而變化，原本共叔段為「京城太叔」之時，和姜氏對他構成極大的危險，他絕對不可能有這等孝心；可是當共叔段出奔後，姜氏的願望便全部泡湯了，此時鄭莊公才換上孝子的眼鏡。

與弟弟的較量過程中，鄭莊公的為人處世要顯得成熟多了，加上這個善於換眼鏡的絕招，使得他如虎添翼，步步高升。他的行為也讓潁考叔得到了美名：「君子曰：潁考叔，純孝也。愛其母，施及莊公。《詩》曰：『孝子不匱，永錫而類。』其是之謂乎！」

千里之行，始於足下。日常生活中有夢想的人很多，能夠付諸實現的卻很少。即使想要爬到最高的山頂上，也只能腳踏實地一次邁一步。有時候我們的內心孕育著無數的夢想，然而，當我們誇誇其談的時候，卻總是忘記如何邁出第一步，或者你只是感到畏懼，又或許你忽略了小細節，你只看到前方勝利的召喚，卻不願意為你的夢想付出實際行動。當你抬頭仰望的時候，不如專注走好腳下的每一步路。因為這樣，換了一種看待問題的眼光，你的人生將會因此與眾不同。

透過眼神觀察

在對眼睛的描述中，孟子曾經有過這樣的論述：胸中正則眸子明焉，胸中不正則眸子暗焉。眸子不能掩其惡也，善惡在目中偏。善者正視，眼清、睛定；惡則斜視、不定、神濁。所以，眼睛被古人稱為「監察官」。

1.通過眼睛看出品格

要如何從眼睛觀察出一個人真正的心性，下面的例子可說明。

二十年前的電影，壞人總是一副典型的壞胚子模樣，一出場馬上惹人嫌，好人則是一臉無辜，純真無邪，根本不用看介紹。一些用心製作的電影加上演員的精湛演技，不用刻意化妝，眼神就能把一個人的好壞善惡一覽無遺。

在一些恐怖片中，從人物的眼神中也能觀察出來他們是正派還是反派的角色。

因此，在日常生活中，若能對他人表示關懷，付出愛心，以善意對人或事，在長期的培養之下，自然就會流露出關愛的眼神。如果一天到晚存心算計他人，嫉妒怨恨，眼神必會常露凶光，令人感到害怕。一個人最容易被人看穿的正是不自覺流露出的眼神，在心理學中講的心靈透視，就是常常從眼神中探究出一個人的心性。所以，眼神是透視人的個性及品格時，可以特別加強注意的部分。譬如，通過大老闆和高層政治人物的眼神，我們可以看到權威、自信和肯定，他們的眼神所傳達的和普通人的眼神所傳達的資訊有一定的區別。

2. 通過眼神看透別人的個性

在古人看來，心裡的邪惡念頭是能通過眼睛傳達出來的：心思純正，眼神就清澈、明亮；心胸不正，眼睛就會昏暗，有邪光。可見，

從一個人的眼睛可以分辨一個人的個性好壞，心術正邪。具體來說，通過眼睛辨別人心包括以下幾點：

如果目光炯炯有神，說明對方精神煥發，是個有精力的人，對周圍的世界非常感興趣；

如果目光飄忽不定，說明他是一個三心二意、拿不定主意和緊張不安的人；

如果目光黯然呆滯，說明他是個沒有鬥志並且索然無味的人；

主動與人交換視線的人，則是心胸坦蕩的人；

不敢正視和迴避別人正視的視線，說明此人是個內心容易緊張不安和言不由衷，有所隱藏的人。

3.通過眼神察看人的心思

眼神平行正視，眼光不浮躁，不做作，舉止行為不卑不亢。這就是所謂的「名門正派君子」眼神；

眼神上吊、浮光逼人者，通常心高氣傲，帶有驕氣。這就是所謂的「天之驕子」眼神；

所謂的「有心計」眼神，是那些眼神下視者，他們講話時眼神不定，城府很深，我們最好防備他會有一些驚人之舉的突發；

說話的時候經常逃避對方的眼神，說話真實性就要給他打個折扣。這就是所謂的「東躲西藏」眼神；

當一個人不喜歡你或想欺騙你的時候，對方的眼神會飄忽不定，心不在焉，一有機會就會立刻轉移話題；

當一個人內心有所隱瞞，生硬地築起防線時，他會瞪著你不放，生怕你會識破他的內心；

當一個人對你懷有不信，保持警戒心時，他的眼睛會閃爍光芒；

當一個人對你的話題抱有興趣，但有點害羞，他的眼神會表現出不屑一顧，但其實他洗耳恭聽。

4.通過眼神看出他人的內心

眼神最能透露出一個人內心的欲望和感情，一個人通過別人看待自己的眼神，可以體會出此人對自己的看法和態度。如果你注意看正在說話的人的眼睛和視線，將會發現很有趣的事情。要想瞭解到初次見面的人的各種性格，那就留意觀察一下他們看著你時的眼神。

觀察的要點是通過視線的方向。講話時對方是否看自己，顯示他對你有無好感或興趣。一般來說，當你和別人談話時，對方不看你，或是左顧右盼、目光淡漠，那就是零熱情的資訊傳達，顯示他對你的談話內容覺得乏味，或者他根本就心不在焉，在想別的事情，你的話他沒聽進去，對你沒有親近感或不感興趣。

膽小怯懦者的視線是朝下的。當你看著對方的眼睛時，對方會把視線悄悄地往下移，是因為他意識到，你在社會地位和年齡上都是他的上司和長輩，或者意識到你是他強大的對手，因此在和你談話時會流露出一種緊張感。

如果視線是左右遊移，那表示他有拒絕之意，並且無意中會傳達出對對方不懷好意的資訊。

敵對的表現為視線直視。直視著對方，一動也不動的眼神，含有非常深切的意味。出現這種眼神就意味著受到某種強大打擊，和懷有強烈敵對心理。

內心不安的表現則為視線飄移不定。望著天空的呆滯眼神，常見於情緒低落的時候，表示失去安定感，或在思考一些事。出現這種表情也表示對諸事漠不關心。

自信的表現為視線向上。說話時視線稍稍向上的人，大多是對自己的地位能力有極大的自信，性格也是比較外向。視線經常是向上的人在公司裡往往是重要人物和管理人物。

你認為你行你就行

一旦下定決心開始做一件事，往往會發現並沒原先想像的難，自信是很大的關鍵。套用福特汽車的創始人亨利・福特的一句話，同一件事，你認為你能成功，你是對的；你認為你無法成功，你也是對的。任何情況下都有不完美，完美主義者並不是一個褒義詞。說你行你就行，先做出大概雛形，然後逐步改進、使它變得更加完善。關鍵是要行動起來。或許這是有為者與無為者的一大區別。

無論任何時候，都要保持自信，要相信自己擁有很大的能耐，我能做很多的事情，只要我想沒有做不到的！堅持了就要走下去。一定要相信自己，別怕，沒有什大不了的！你認為你行就是要讓別人看到你的與眾不同，這才是你來到這個世上的真正意義所在。

某日早晨，一位牧師正在為佈道詞而大傷腦筋，他的太太外出買東西，外面下著雨，小兒子又躁躁不安，令人心煩。後來他隨手拿起一本舊雜誌，順手翻一翻，看到一張色彩鮮豔的巨幅圖畫，那是一張世界地圖。他把這一頁撕下來，並撕成若干小碎片，丟到客廳地板上，對兒子說：「強尼，你把它拼起來，我就給你兩毛五分錢。」牧師心想他至少會忙上半天，誰知不到十分鐘，他書房就響起了敲門聲，他兒子已經把完整的地圖拼好了。牧師驚訝萬分，兒子竟然在這麼短時間內拼好了。每一片紙頭都整整齊齊地排在一起，整張地圖又恢復原來的形狀。

「兒子啊，怎麼這麼快就拼好啦？」牧師不解地問。

「噢，」強尼說，「很簡單呀！這張地圖的背面有一個人的圖畫。我先把一張紙放在下面，把人的圖畫放在上面拼起來，再放一張紙在拼好的圖上面，然後翻過來就好了。我想，假使人拼得對，地圖也該拼得對才是。」牧師忍不住笑起來，給他一個兩毛五分的硬幣。

「你把明天佈道的題目也告訴我了。」他說，「假使一個人是對的，他的世界也是對的。」

這個故事給的啟示非常深刻：如果你不滿意自己的環境，想力求改變，你首先應該改變自己。如果你是對的，則你的世界也是對的。你認為你行，你就能發揮潛能，你就能成功。也就是說，只要堅定信念，就能發揮出巨大的潛能。

安東尼・羅賓說得好，世界上最強的力量之一是對潛能的強烈信念。牧羊女貞德，在十二歲時就相信能夠率領法國軍隊抵抗英國。她的信念如此強烈，十七歲時，她到查理王子面前說明她的信念，查理王子被她說服了，給了她一套盔甲和一支軍隊。貞德領導法軍打敗了號稱日不落帝國的英軍。

無論遇到多麼惡劣的環境，遇到的障礙多難克服，你的信念都會告訴你，其中必有解決之道。因為對潛能的強烈信念是世上最強的力量之一。耐心、不自私和永不懈怠的態度就是你的寶劍。

成功是平凡的人以不平凡的決心做到的，但這很不簡單，有價值的成就通常都不容易取得。一位心理學家說，多數情緒低落，不能適應環境者，皆因對自己缺乏信心，不能對自己能力產生強大的信心。

英國政治家威伯福斯就是一位對潛能有著強烈信念的人。他厭惡自己身材矮小，但名作家威斯韋爾有一次去聽威伯福斯演講，事後對人說：「我看他在臺上真是個小不點兒，但是聽他演講，似乎越講人越大，到後來他竟成了巨人。」威伯福斯終生病弱，醫生叫他吸鴉片，以維持生命。歷時二十年，他卻從沒增加每日吸食劑量。他反對奴隸貿易，為廢除奴隸制度作出巨大貢獻，英國廢止奴隸貿易制度，多半是與他強烈的信念分不開。

歷史上的那些成功事蹟，多數都是境遇坎坷或身有缺陷但仍勇往直前的人譜寫的。有一次，著名小提琴家布林在巴黎舉行演奏會，一曲未終，一根弦卻突然斷掉。他不動聲色，繼續用三根弦奏完全曲。事實上，這就是人生——充滿曲折和不定性，只要懷有強烈的信念，認為你行，你也會像布林一樣用其餘三根弦奏完人生。

做人要學會察言觀色

生活在這個社會上，許多事情都是把握在自己手上的。我們應該知道，為人處世時，除了要拿捏好時機外，還要學會察言觀色。

「橫眉冷對千夫指」的魯迅有很多著名的名言，像「白眼看雞蟲」之類，對某些不倫不類的人而言，最高的輕篾就是無言，看都不要看一眼。不屑一顧，懶得一看，連眼神也吝嗇，這才是對這種人真正的氣魄。

晉代竹林七賢中的阮籍就以眼色著名。阮籍「傲然獨行，任性不羈」。據史書說，他「能為青白眼」。見禮俗之士，以白眼對之。就連其友嵇康的哥哥嵇喜，他也不例外；對同道之人，他則以青眼對之。如此，以至於畫家顧愷之為他畫像時，從不畫眼睛。像阮籍那樣愛恨分明，不加掩飾地將愛恨形之於色的人，的確夠任性，夠狂傲，也真正反映了魏晉人士那種灑脫的氣概、桀驁的精神。

對於那些默契已相當良好的人們，即使互相使個眼色，彼此也能心領神會。遞眼色的動作，機智而聰明的人常常能理解。只要察言觀色，便會心知肚明，冷靜的人對這些往往了然於胸。

日常生活中，很多人無論說話，還是辦事，只會看上司的眼色行事，疑神疑鬼，把別人眼色當令箭，唯恐上司有意見，而且沒事就在那胡思亂想。

《鏡花緣》中有這麼一段：

一富翁帶一小廝去拜訪客人。小廝在富翁後面跟著走，富翁不高興：「我是你主人，又不是你的馬，為何我要在你前面？」於是，小廝趕忙搶到前面，但沒走幾步，富翁又大怒：「我又不是你的跟班，你為何走在我前面？」於是，小廝慌忙退後，與主人並行，沒幾步，富翁再怒：「你又不是我的同輩，為何與我並肩而行？」此小廝本是看眼色行事的高手，這次卻左右為難，無計可施。

所以要知道，靠眼色行事其實也不是件簡單的事。

在日常生活中，我們知道，通過眼色瞭解事物，是非常必要的。例如：與同事共事、商場生意談判、和情人約會等……這些都需要有察言觀色的本領，而且有時候還需要會聽「弦外之音」來進行補充。有些時候，有些人其實根本不想去做某些事情，或者根本做不到，但往往很容易就會答應，人很多時候會心口不一。所以，察言也是一門高深的學問。人的思想，經常會在口頭上不知不覺地流露出來，所以與別人交談時，只要你留心，就可以從別人話裡看到他的內心世界。

眼是心靈的窗，透過「眼神」能識人心。在醫學家看來，人的五種感知器官中，眼睛是最敏銳的，大概占感覺領域的百分之七十以上，所以被稱作是「五官之王」。孟子曾說：「存乎人者，莫良於眸子，眸不能掩其惡。胸中正，則眸子瞭焉，胸中不正，則眸子眊焉。」簡而言之，就是說眼睛流露真心是很常見的，眼睛能告訴別人你的心思。

薛寶釵是《紅樓夢》裡的一個主要人物，她也是察言觀色的典型代表，她討好賈母和王夫人，為人處事八面玲瓏，因而擊垮了孤芳自賞的情敵林黛玉，最終奪得了賈府少奶奶的位子。

在封建社會中，一般人說出心裡的真話很難達到自己的目的。因為臣民根本沒機會說，而皇帝無論說什麼卻都是正確的，那些虛與委蛇的臣子只會說皇上聖明等虛假的話。即使想說真話，還得先請示，「臣有句話，不知當不當講」。當皇上說，儘管說無妨，赦你無罪的時候，臣子才敢戰戰兢兢地說出來。如果逆了龍心，就不會有什麼好下場。能夠聽得進忠言逆耳的皇帝並不多，唐太宗與魏徵只是史家列舉的聖君賢臣的榜樣，可惜像這樣的皇帝臣子非常少，即使是魏徵，也好多次都差點掉了腦袋。

雖說現代社會是民主社會，但上司總還是正確的，上司的話就是命令，不按上司的意思辦事，就會吃虧。所以，如果身在職場，不會察言觀色，揣摩上司心思，工作上再努力，你也不會有多大升遷。

中斷令人困擾的舊有行為

我們要養成獨有的思考方式、看事情的角度與處理事情的手法。因為如果不是如此，當我們想擁有另外一種不同的結果時，問題便產生出來了，因為沿用舊有的想法與做法是不可能有新的結果。一次偶然聽到對「精神病患」的解釋：「妄想有完全不同的結果，可是卻一再重複做相同的事。」

讓自己每天一成不變地生活著，對於我們來說是沒有必要的。事實上在我們身上隨時都蘊藏著能立刻改變的能力，只要我們調整一下已經養成習慣的神經系統，那麼先前被栓住的能力便可以釋放出來。你必須掌握住引導人生的神經管道，讓它們能引導你過積極的人生，而不是時時生活在沮喪與恐懼之中。要想有新的人生，單單是知道所要的目標與改變的做法仍是不夠的，你還得有高度想要改變的意願才行。若你還是以前的那種想法和做法，那麼你將依舊會生活在痛苦與沮喪中。

關在屋子裡的蒼蠅總是會去尋找光亮處，然後不斷往窗戶衝去，一次又一次地撞擊玻璃，往往可以撞上好幾個小時。你是不是也看過有人這麼做呢？他們也有心想改變自己，就像蒼蠅一樣不斷向窗戶衝去，可是有得到效果嗎？你若想穿過一扇關閉的窗戶到外面去，就算碰得頭破血流也不會成功，最好改個方式吧！

若舊有的行為模式一直被我們沿用著，那最後所得的結果依然會像以前一樣。就像唱片，就算播放千百次，它始終都是唱同樣的曲子，因為它受制於音軌的刻痕。可是若有一天當這張唱片在播放時，你拿起一根針在上面亂刮一氣，它還會唱相同的曲子嗎？同樣的道理，只要中止我們消極的行為與情緒，找出扭轉痛苦和得到快樂的方法，那麼整個人就會改變。

在芝加哥，有個人叫做湯尼，他辦了一場三天兩夜的研討會，在課堂上，他施展了如何中止一個學員的舊習慣。這位學員告訴大家，他想戒掉愛吃巧克力的毛病，他愛吃的程度簡直嚇人，因而贏得「巧克力貪吃鬼」的稱號，他甚至引以為傲地穿著一件特別的T恤，上面印著這樣一行字：「我愛大家，但我更愛巧克力」。相信他是想改掉這個愛吃巧克力的毛病，可是內心卻十分矛盾，因為這個習慣能吸引別人的注意力從而給他帶來另外一種快樂。

人們有時候會想到改變，是因為舊習慣帶給他們痛苦，可是他們又不捨得這個舊習慣所帶給他們的快樂，這就好像有的人因為受傷而受到旁人的關注；為了繼續引起關注，他竟不願意讓自己的傷太早康復。你可以去做任何你所希望的改變，可是如果不變能讓你獲得改變所不能得到的好處時，那麼你就算是改變了，日後依然會很容易地又恢復原有的行為。雖然你公開說你要改變，可是潛意識裡卻相信不變可以帶給你改變所不能給你的，這也難怪有些人明知道沮喪不好，可是卻依舊擺出一副沮喪的神情，因為那樣能引起旁人的關懷，這種引起旁人關心的「第二種好處」（第一種好處指的是改變後的好處）也因此能讓他繼續沮喪下去。我們要為他找出必須改變的理由，同時指出他的改變方向，唯有這樣才能改變他這種成天只希望得到「第二種好處」行為。

相信這位巧克力貪吃鬼以此為樂是想引起他人的注意，可是我們可以確信他更想戒掉這個習慣。所有情形當有第二種好處介入時，你就得加強改變的力量，因此湯尼決心施加較大的壓力，好讓他舊有的行為模式中止。

「先生，」湯尼點了他的名字，「你說你已經下定決心要革除這個愛吃巧克力的習慣，這是件很好的事，不過在此之前我希望你能做一件事。」那人好奇地問道：「什麼事呢？」湯尼說：「為了調整你的體質，在以後的九天裡你除了巧克力以外什麼都不可以吃，記住只能吃巧克力。」這時學員當中冒出了噗哧的偷笑聲，這位學員又問道：「那麼我可以喝水嗎？」湯尼同意地說：「可以，你可以喝水，不過你一天最多只能喝四杯，除此之外就只能吃巧克力。」他聳了聳肩，一副得意而且蠻不在乎的樣子說道：「沒問題，湯尼，我就照你的話做了，絕不取巧。」他笑了笑，聽了他的話，然後他繼續上課。

之後其他的學員紛紛從他們的口袋、皮包與公事包中拿出各種巧克力棒或者巧克力糖，總共有幾十樣之多，全數塞進這位學員的手上。到了吃午餐的時間，只見他把巧克力當做白飯猛吃，當他在會場大廳裡望見湯尼，便朝他走過去，微笑地說道：「謝謝你，湯尼，這些巧克力的滋味還真不錯。」隨之便又撕開一包巧克力往嘴裡塞，他這舉動似乎是要證明他是不會被他「打敗」的。可是他錯了，他是在和自己較量，而不是跟湯尼較量，湯尼只不過是借著他的身體來讓他

得到了改變的理由，從而中止舊有的壞習慣。

大家都知道，巧克力吃多了會讓人非常口渴。結果他開始口乾舌燥，喉嚨非常難受，當其他的學員繼續不斷地把各種巧克力塞到他的手上時，他已經不像先前那樣高興地接受。到了第二天，從他的臉上似乎可以看出他已經沒有了原來的興致，可是他的態度還是硬得很，當湯尼問道：「要不要再來一些巧克力？」他沒作聲地瞄了湯尼一眼，然後又撕開了一條巧克力棒塞進了嘴裡。

當他在第三天的早上走進會場時，他的臉上已經沒有一點表情，湯尼微笑地向他問道：「『早餐』吃得如何？」他懦懦地承認：「吃得不太舒服。」「再吃一點嘛。」湯尼故意說道，這時他背後有位學員遞給了他一大塊巧克力，可是這時他接得十分勉強，不但沒撕開，甚至連瞧都不想瞧。見此湯尼便問了：「怎麼？不想吃了？」他點了點頭，湯尼帶著點揶揄的意味接著問：「喂，你不是吃巧克力大王嗎？再來一些吧，巧克力的滋味可是好得很呢，你看看，是不是口水都要流出來了？」湯尼發現自己越是這麼說，學員的臉色就越難看，可是他故意裝作不知道，仍然慫恿地說：「再多吃一些！」這時突然從這位學員口中爆出了很大的一聲：「你別再逼我了！」這句話頓時讓全場其他學員爆笑出聲，而湯尼卻是若無其事地說：「那麼把那些巧克力丟了，好好上課吧！」應該說他的這套方法在那位學員身上產生了改變的力量。

如果你想讓一個人拿出他的決心，那麼你就要讓這個人在肉體上感受到一點痛苦，想要脫離痛苦，而後去追求快樂，這時他以前的舊有行為模式便會隨之改變。每個人都想讓這位學員停止嗜吃巧克力的壞習慣，可是你越是不讓他吃，他就吃得越厲害。相反地，逼著他盡可能地吃，這遠出乎他的意料，結果很容易地便讓他戒掉了這種習慣。因為在他晚上睡覺時，腦神經系統所記錄下的吃巧克力痛苦經歷便會把他以前對痛苦與快樂的認知給擊得粉碎。

湯尼在幫人治療時，經常會遇到以下的現象，當他們在講述所遭遇的問題的時候，常是還沒有說上幾句便痛哭起來而且不能自己。在這種情況下他常常會立即站起來，以稍重的口氣說道：「對不起！」這樣會很快地打斷他們的失態，然後他便接下一句：「我們還沒談到主題呢！」這些人通常會很不好意思地回答：「喔，很對不起！」然後馬上便回復了常態。這實在是一個很有震憾力的舉動，這些人已經覺得不能控制住自己的情緒，可是沒想到湯尼卻能一下子就讓他們恢復常態，這給了他們很多啟示。要想中止一個人的舊有行為模式，最好的方法便是給他們來個出奇不意，讓他們接受一些完全沒想過的事。你不妨想一些能讓自己中止舊習慣的方法，看看有哪些能夠改變情緒低落與消除內心壓力及煩惱的方法。下次如果你覺得有些情緒不佳時，那就趕快跳起來，仰望天空大喊一聲吧。這個動作看起來或許有些好笑，不過這樣能讓你的思緒不再鑽牛角尖，而且確實能改變你的狀態。

從筆跡和電話捕捉資訊

在現代的商業業務往來中，人們很多時候是通過傳真、電話、電子郵件等方式洽談的，而合作雙方並不見面，所以我們要想捕捉到一些對方傳遞來的資訊，可以從這些方面入手。

例如我們常說筆跡就是一面鏡子，默默地反映著書寫者的心理特徵。筆跡書寫的過程是大腦意識和心理特徵輸出的過程，而分析筆跡的過程，正是這樣一種資訊還原過程。在做決定之前一定要判斷對方是怎樣的一個人。

1.透過筆跡認識對方性格

具有社交能力與急躁性格的人，寫字時呈現極大幅度的曲線。

而具有理性判斷能力與冷漠傾向的人，寫出具銳角而不整齊的字。

性情謹慎、缺乏幽默感的人，寫出直線而又規則性的字形。

為人很小氣，對於別人的批評始終耿耿於懷，並且有些神經質的人，愛寫有稜有角的小字。

虛榮心強，並且有歇斯底里性格的人，寫字的大小、形狀和角度都很不整齊。

2.透過電話認識對方性格

歇斯底里類型的人，大多表現為不考慮對方的立場，而會貿然打長途電話給你。

急躁類型的人，雖然沒有什麼大事，但卻常常喜歡打電話給你。

性格有點分裂不一的人，總是你主動聯繫對方，而他卻討厭講電話。

3.透過簽名認識對方性格

簽名雖然簡單卻包含著很多心理上的含義。對於普通人來說，名字寫的好壞往往代表著一個人的自我形象。不同的人在書寫自己姓名的時候都有各自的心理特點，而這些名字的形式恰恰是書寫者心理特點的一種顯示。要想分析書寫者的性格特徵，一份有簽名的筆跡對此非常有幫助。

樸實，正直，表裡如一的書寫者，簽名與正文字體大小相仿，風格一致。

不善社交，謹慎、認真、謙虛的書寫者，簽名比正文文字小。

比較自信，且對自己期望很高的書寫者，簽名比正文文字大。

想像力豐富的書寫者在簽名中有很多修飾，有自我欣賞意識。

狂妄，並具有雙面性格的書寫者的簽名與正文字體會相差太大或過於修飾、誇張。

具有思考，謹慎，自信，負責的人在簽名以後，習慣在名字的右下方加一個頓點。

一個驕傲和自滿，同時也具有自我防禦和自我保護意識的人，他們的簽名方法為在簽名下畫重線。

生機勃勃，積極進取的，並有遠大抱負的書寫者，簽名的行向會稍稍向右上傾斜。

總是灰心喪氣，悲觀失望，對目前的狀況持否定和放棄的態度的書寫者，簽名的行向向右下傾斜。

謹小慎微，遲疑不決的書寫者，簽名的字體會向左傾斜。

為人正直，意志堅定，但不善於與他人溝通與合作的書寫者，簽名垂直。

要比就跟自己比

愛因斯坦在小的時候特別貪玩，母親一遍遍地教導他說：「孩子，你不能老是這個樣子啊。」可是愛因斯坦總是左耳進右耳出，還不以為然地回答說：「為什麼不能這樣呢，你瞧瞧我的夥伴們，他們不都和我一樣嗎？」父母親無可奈何。

一天晚上，愛因斯坦纏著父親講故事，父親想了一下，給他講了一個發生在自己身上的故事。

父親對愛因斯坦說：「昨天，我和我們的鄰居傑克大叔去清掃南邊工廠的一個大煙囪。你知道，那煙囪很高，我們必須踩著煙囪內的鋼筋樓梯上去。傑克大叔在前面，而我在後面，我們抓著扶手，一階一階地爬上去。當我們下來的時候，傑克大叔依舊走在前面，而我卻跟在後面。鑽出煙囪時，我看見傑克大叔的臉又黑又髒，像個小丑似的，心想我的臉一定也和他一樣，於是我就跑到附近的小河邊洗臉。而傑克大叔看見我鑽出煙囪時乾乾淨淨的，就以為他和我一樣乾淨，所以他就大咧咧地上街了。結果街上的人盯著傑克大叔看，還以為他是個瘋子呢。」

聽完後，愛因斯坦哈哈大笑起來。父親嚴肅地說：「不要笑，孩子。我要告訴你的是，不管是誰都不能做你的鏡子，只有自己才是自己的鏡子。拿別人做鏡子，白癡可能會把自己照成天才的。」

愛因斯坦聽後很羞愧，從此離開了那群頑皮的孩子們。他時時用自己做鏡子來審視和映照自己，終於映照出了他生命的燦爛光輝。

還有個更引人深思的故事：

有一間鐘錶店，每天總有一個年輕人定時出現在店門口，抬起手腕上的錶與牆上的掛鐘對一下時，隨後匆匆離去。有一天，鐘錶店老闆終於忍不住心中的好奇，他叫住這個年輕人，問道：「年輕人，你每天這個時候路過我這裡都要停一下，請問是為什麼呢？」年輕人說：「我是你們店斜對面工廠裡的領班，每天中午負責打吃飯鈴，但怕時間不準，所以我只好在每次打鈴前來您這裡對時。」老闆大吃一驚：「不會吧！我這個店裡所有鐘錶的時間一向都是依你們廠中午的打鈴聲為準的……」

和別人比較是很難找出自己缺點的。如果別人比你差，你便會洋洋得意，停滯不前。自己跟自己比才是上策，和自己比較才能不斷鞭策自己進步。和別人比較，無論是互相比較，還是其他形式的比較，一定都會產生誤差。一旦陷入了這種誤差，很有可能會影響人的一生。例如一名優秀的運動員，只有不斷打破自己所創造的記錄，才能穩坐冠軍頭銜。因為別人也是不斷在進步的，如果不超越自己，以後怎麼打敗對手？所以優秀的人常常和自己比較，這樣的比較才真實，才有挑戰性。給自己定下一個目標，然後超越它；再制定一個，再超越。如此迴圈，雖然有困難，但卻對自己和別人都很公平。

在這個充滿競爭的社會裡，我們不論做什麼事，都是主動或被動地與別人較量高低，我們總是喜歡把太多的時間和精力花在注意別人的進步或落後上面：如果別人比我們落後，我們便沾沾自喜；如果別人比我們進步，我們便垂頭喪氣。其實對每個人來說，真正的進步是與自己的過去相比較而言的，你不一定能超過每一個競爭對手，但你能超過你自己，而只有超過了你自己，才能超過更多的對手。自己跟自己比較，哪怕每天只進步一點點，日積月累下來，終會超乎你的想像。

和自己相比較，用現在的自己與過去、未來相比較，一直保持這樣的心態和習慣，離成功也就不遠了。

充分地發揮自我潛力

德國柏林有個小女孩維倫妮，曾經告訴大人們：

「你們看，天空中有一對很可愛的小鳥在飛翔啊！」

人們聽了抬頭望去，但都感到奇怪，因為天空中空無一物，根本沒有一對可愛的小鳥在飛翔。於是他們便都認為這個女孩是一個傻孩子。

後來，有個人拿起望遠鏡，對著小女孩手指的方向認真地看著。天哪！他發現真的有一對肉眼完全看不見的蒼鷹，在極高的天空中快樂地飛翔著。人們不明白，這個小女孩維倫妮的眼睛，怎麼會如此厲害，看得見別人完全看不見的細微東西。

事實上，維倫妮從小就擁有超乎常人的視力，可是她常常被其他小朋友譏笑是「神經病」、「愛撒謊」、「胡亂編造」……，因為他們不相信維倫妮看得見螞蟻正在撒尿、細菌正在跳著舞等等不可思議的景象。

後來，有一位德國生理學家為維倫妮的眼睛做了一番徹底的檢查和研究，證實了維倫妮的雙眼確實具有「蒼鷹眼睛」般的視力，這種眼睛就算在千萬人之中也難得一見！

如今，維倫妮已經成為柏林當地一位很有名的牙醫，而她那一雙超級好的眼睛，使她不需要借助任何儀器，便能準確地找到病人牙齒上的小蛀洞，迅速地完成修補蛀牙！

另外，維倫妮也迷上了微雕藝術，她曾在一本麻將牌大小的微型書上，用極細微的針尖，寫上三十七萬個字！別人看這些字，一定要用放大鏡仔細看，可是，維倫妮在寫這些字時，是不用放大鏡的！而這樣的功力，全世界可能也只有維倫妮一人而已！

不過就如同俗語說的「有一利，就有一弊」一樣，擁有超細微的好眼力，在我們常人的想像裡，也有自己的煩惱。試想一下，如果我們也有如此的好眼力，每天都可以看到我們的手指頭上，有好多「細菌」在跑來跑去地引吭高歌；看到我們的棉被上，有無數的塵蟎正在打哈欠、在蹺腳睡覺；照鏡子時，也可以看見蛀牙中有許多蛀蟲正在啃食我們的牙齒……你一定會感覺很可怕，很骯髒，很想天天閉著眼，做到「眼不見為淨」。

所以，維倫妮說，她寧願自己的眼睛能變得「模糊一點」，寧願天天「霧裡看花」，因為「有時看太清楚了，反而沒有美感！」不過，她依然感謝上帝，賜給她異於常人的超人視力，讓她能做些別人做不到的精細工作。

其實，我們每個人都有屬於自己的能力和潛力，有人會唱歌、有人會彈琴、有人會跑步、有人會打球、有人會演講、有人會畫畫、有人會木工、有人會廚藝，但是也有人關在自我限定的小圈子裡，不能充分地發揮自我潛力，以至一事無成，這是多麼可惜。我們雖然沒有天生的特異功能，但我們仍然可以努力激發潛能。所以我們要記住：「沒有開始，夢想就永遠不會實現！」

當然，我們不可能都有維倫妮那樣的先天條件，不過每個人也都有自己的特長和才華，因為我們每個人都是一座寶庫，都值得自己不斷地挖掘，發揮內在的潛力。

有一位數理均優的學生，成績曾是全班第一名，但後來覺得課業壓力太重，自我期許太高，受不了壓力，竟然選擇了自殺身亡。

這些年，也曾有一些名校學生受不了壓力自殺，給家人和朋友帶來了莫大的痛苦。

其實，老天爺賜給了每個人很多能力和才華，如果我們是個在外人看來很優秀的人，而實際上只是個不能抗壓的草莓族，那麼我們是不會擁有真正的作為的。如果我們有能力與毅力考上大學，甚至是很不錯的大學，那麼我們又怎麼能沒有勇氣與智慧，鍥而不捨地找尋一個可以發揮才能的工作環境和人生舞臺呢？我們不必虛度生命，不必浪費才華，更不必一死了之。人生是美好的，老天爺給予我們的也已經夠多，我們要知道珍惜，懂得感恩。

大家一定都看過或用過壁紙。一棟陳舊不堪的房子，如果貼上了一層漂亮的壁紙，看起來就會覺得嶄新漂亮。但是一個人如果沒有真才實學，沒有勤勞認真的努力和堅定不移的毅力，那麼他就會像一層壁紙一樣，只有虛浮的外表，卻沒有紮實的內在，所以很容易一戳就破！

那麼，一個人如果有很高的學歷，有過人的才華，有無窮的潛力，甚至有特異功能，就值得特別誇耀嗎？如果我們沒有堅強的毅力，沒有真正用心、踏實地發揮所長，將才華貢獻給人群，那麼你就算擁有那些「優勢」，也都將歸零或是事倍功半。只有不斷地進取和進攻，挖掘那些別人所沒有的「寶藏」，我們才可能達到事業的頂點。

努力使機遇變成現實

在人的一生中總有許多機遇，然而很多時候，當機遇降臨卻沒有及時發現時，便會與其失之交臂。機遇稍縱即逝，一旦失去，就成了永遠的遺憾。所以說機不可失，時不再來。可是有些人常不認真檢視自己之所以失敗的原因，反倒將自己的不得意或失敗歸咎於沒有碰到機遇，究竟是沒有機遇，還是沒有及時發現和把握機遇呢？機遇，它無處不在，或者就在自己身邊，這需要我們自己去發現它。

一位法國鞋廠推銷員與一位德國鞋廠推銷員同時到一個島上推銷產品。他們通過對當地人情風俗調查之後，不久都向上司發了電報。德國人的電報內容是：「此地人均不穿鞋，產品無銷路，本人即回國。」法國人的電報內容是：「此地人均光腳，亦無穿鞋歷史，產品潛力極大，擬常駐此地。」之後法國人在島上大力宣傳穿鞋的好處，島上的人們逐漸接受了他的宣傳，一個新的市場就這樣被開發出來了。

機遇只是成功的種子，它不一定是成功的必然。只有在發現機遇後，牢牢地抓住它、把握它，並為之付出努力，才會使其成為走向成功的階梯，機遇也才會變成現實。

通過選秀節目，大家認識了張玉霞。幾乎一夜之間，她那副打動台灣和中國的好歌喉，深深印在了許許多多觀眾的心中。人們為她的歌聲所感動，更為她的一舉成名而驚歎。

然而，這位擁有宛如鄧麗君美妙歌喉，演繹生命最美、最真、最強旋律的女孩，是一名盲人。

張玉霞用頑強的努力，無悔地付出，全身心地投入，感受著她所熱愛的音樂，打造了素人歌手的傳奇，她雖然沒有闖進決賽，但卻讓台灣及中國觀眾深深感動。她的故事向人們昭示著一個簡單卻又深刻的道理：使機遇變為現實，很有可能。

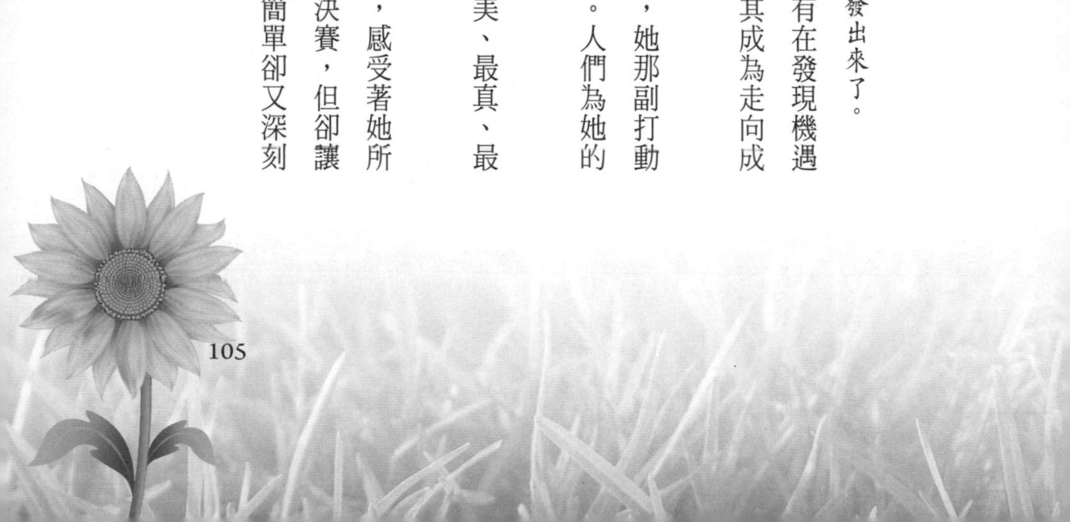

當看到一個同齡人平步青雲、有所作為時，當昔日同窗朋友大展鴻圖、事業有成時，總能聽到有人這樣抱怨：看人家，有好的家世與背景，有好的機遇和條件，想不成功都不行。但我自己要實現超越與成功，談何容易？

張玉霞的成功卻使我們驀然醒悟：機遇就在身邊！來到這個世界上，我們付出多少就會得到多少，只有不輕言放棄的人，不吝惜付出的人，勇於向命運挑戰的人，才能抓住身邊的機遇，化阻力為動力，一步一步走向人生的輝煌。

當然，人們並不是都能及時地把握住所有的機遇，誰都會有失去機遇的時候。

失去了一次機遇，就要把握好下一次機遇。凡事業有成者，都善於抓住機遇，並且還善於創造機遇。他們一旦確立了人生理想的目標，就大膽地去闖。闖蕩會有風險，但與機遇同在；不闖蕩最保險，但卻只能平庸一生。

我們不要埋怨沒有機遇，機遇也許就在自己身邊。今日社會的迅速發展，帶給了每個人實現人生價值的最好機遇，只有勤奮努力，機遇才會與你同在。

機遇與挑戰同在。勇於拚搏，機遇才會變成現實；勇於發現，才能發現機遇。

錯過了也不必遺憾

我們常常與一些極美極珍貴的東西失之交臂，這些逝去的美好就如一把鋒利的刀子，在我們心上一刀刀的劃出傷痕來。所以有人說：但凡世間的好事物都暗藏著一些遺憾，生活中有一種痛苦叫錯過，這是最深刻的痛苦。

有緣無分總使人難過傷心，卻也讓人在回首時看到了曾經的幸福時光！歲月會把擁有變為失去，也會讓失去獲得回報。錯過正是今後擁有的起點，而擁有卻是今後失去的源頭。

保留一顆從容的心，面對不順心的事，便能處之泰然；對名利得失，順其自然。要知道世上所有的機遇並不單單為你而設，人生總是得失兼併，有成有敗，生命之舟本來就是在得失之間浮沉！美麗的機會人人珍惜，然而卻並非我們都能牢牢抓住，錯過了的美麗不一定就非得要遺憾，捶胸頓足。

戰爭時期，有個區域遭遇了敵機的空襲。當時有一個人匆匆跑向一個擁擠不堪的防空洞，但是洞內已人滿為患，迫不得已，他只能遺憾地朝遠處的另一個防空洞跑去，他才跑出去沒多遠，身後突然傳來一聲巨響，敵機扔下的炸彈落地爆炸，不幸命中剛才他去過的那個防空洞。

有些美麗是不該錯過的，而有些美麗則不得不錯過。

從前有一位旅行者聽說有一個地方景色絕佳，於是他決定不惜一切代價也要找到那個地方一飽秀色。可是數年來，歷盡千辛萬苦、跋山涉水，他已疲憊不堪，但目的地依然遙遙無期。這時有位年長的人向他指出一條岔路，告訴他美麗的地方非常多，沒必要堅持走一條路。他聽了覺得很有道理，並按照老人的建議去做，不久他真的看見了許多美麗的景色。他讚不絕口，流連忘返，慶幸自己沒有堅持剛開始那個遙不可及的選擇。

生活就是如此，如果捨不得錯過眼前的一些美麗風景，也許就會錯過前方更迷人的景色，懂得有所放棄的人，才會欣賞到更美的景色，這就是所謂的有捨才有得。

有些錯過會誕生美麗，只要你的眼睛和心靈始終在尋找，幸福和快樂很快就會來到。只是有的時候，錯過需要勇氣與智慧。

有一個對愛情很執著的女孩，當相戀的男朋友在一次意外車禍中不幸離開她時，傷心的她選擇封閉自己的感情世界，朝思暮想的只有那位去世的男友。她經常穿著男友送的鵝黃色套裝，想藉此感覺男朋友並沒有離開。

可是有一天，她不小心弄丟了套裝上的紐扣，她幾乎跑遍了城市中大大小小所有的商店，只為買到一顆相同的紐扣，但結果卻未能如願。女孩傷心萬分，她捨不得放棄這件衣服，可是缺了一顆扣子怎麼穿呢？她的母親見她苦惱至極，就勸她說，不如捨了剩下的那四顆，另外買五顆扣子。她聽了母親的話，果真找到了五顆造型更加獨特、也與衣服相配的鈕扣。那套套裝在這五顆新鈕扣的點綴下，顯得更加端莊和高貴。丟棄一點殘缺，反而能換回更多的美麗。女孩恍然大悟，她決定鼓起勇氣，再度走進下一段屬於她的新感情。

其實，人生中的許多際遇又何嘗不是如此呢？面對失敗和不如意，我們何必抱殘守缺，假如捨棄，像換紐扣那樣去另闢出路，我們就會到達人生最美的風景。

喜歡一樣東西不一定要擁有它。有時候，有些人為了得到他喜歡的東西，殫精竭慮，費盡心機，更有人會不擇手段，甚至走向極端。也許他在拚命追逐之後終於得到了自己喜歡的東西，但是在追逐的過程中，他失去的東西也無法計算，他付出的代價是很沉重的，即使得到某些東西也無法彌補。

為得到一樣東西而費盡心機，令自己疲憊不堪，這樣的行為太不划算。況且有些東西在你得到後，你可能會慢慢發現其實它並不如原本想像中的美好。如果你再意識到你失去的東西，比得到的東西更珍貴的時候，你必定會懊惱不已。俗話說：「得不到的東西永遠是最好的。」所以當你喜歡一樣東西時，最明智的選擇並不一定是得到它，錯過它也許會有意想不到的收穫。

動中有靜，靜中有動

每個人的個性皆不相同，有文靜的，也有相對好動的。好動的人如同烏雲下的閃電，剎那間便消失得無影無蹤，又如同一盞風中的殘燭，搖擺不定，忽明忽暗；文靜的人，如同熄滅了的灰燼、失去了生機的樹木——過多的變幻與過分的清靜，都不是理想的人生觀，唯有緩緩浮動的彩雲與平靜的水面，才能出現蒼鷹飛翔以及魚兒跳躍的景觀，用此種心態來對事物進行觀察，才是真正的理想境界，才是真正具有崇高道德的人。

我們很多時候的理解只是片面的，千萬別誤會靜就是淡泊，就是高雅的；動就是行動，是忙碌，是俗氣。其實不管動與靜，都有它們各自好的一面，雖然動與靜是相對的兩種行為，但只要動靜皆宜，就可以在做人處事時不吃虧。

我們不能不靜，也不能不動。任何人都有動的時候，也都有靜的時候，但是最好動靜得宜才合乎儒家的中庸之道，這也就是所謂的動中有靜，靜中有動，動靜相宜才是人生真正的節度。這樣在一個寂滅壓抑的世界中，仍可以鼓足勇氣從事創造；處在驚濤駭浪的混亂時代，仍可以適應環境求得生存之道。通常所說的處變不驚、超然物外、逍遙自在，將一切寄託於不得已，以養護形體的主宰，便是「道」之根本。

有時候我們會有這樣的體會：內心的需求，有緊迫的，有不甚重要的，但在我們急需時遇到他人的幫助，往往會感激不盡，以至終身難忘。在他人快要餓死時送一根胡蘿蔔和富有時送一堆珠寶，對於他人內心感受而言，是完全不一樣的。楚漢時期，韓信富貴以後想報答漂母（古代稱洗衣服的婦人為漂母），因為當時若沒有這位老婦人給他飯吃，說不定韓信早就餓死了。雪中送炭的概念並非我們平時想的那麼淡然，其中有很多事情是我們永遠都難以體會到的。

三國時期，當周瑜還沒有出名的時候。他曾於軍閥袁術所轄的居巢縣當一位小小的縣令。有一次，地方上發生了饑荒，而且爆發了戰爭，兵荒馬亂給百姓的財物帶來了很多損失，糧食問題日益嚴重起來。老百姓由於沒有糧食吃，便開始吃樹皮、草根，其中餓死的人不計其數。周瑜見到此種慘況急得心慌意亂，不知道到底該怎麼辦才好。此時有人便獻計，說在本縣有一個樂善好施的財主叫魯肅，他家一向非常富裕，想必囤積了很多糧食，不如去跟他借借看。

於是周瑜帶上人馬立即到魯肅家拜訪，才剛寒暄完，周瑜便直接說道：「不瞞魯兄，瑜此次造訪，是想向你借點糧食。」魯肅見周瑜長得一表人材，想必日後定成大器，因此他根本不在乎周瑜現在僅僅是個小小的居巢縣令，於是哈哈大笑道：「此乃區區小事，我答應便是。」

隨之，魯肅帶上周瑜去查看糧倉，此時魯家存有兩倉糧食，分別三千斛，魯肅非常爽快地說：「也不要說什麼借不借的，我將其中一倉送給你就是。」周瑜與手下一聽他此般慷慨，全都愣住了，要知道，在饑荒之年，糧食便是生命啊！周瑜被魯肅的言行深深打動了，於是兩人當下便成了好朋友。

後來，周瑜終於富貴了，他牢記魯肅當年的恩德，把他推薦給孫權，於是魯肅也得到了做大事的機會。魯肅「靜守」而不死寂，遇到自己看好的人，立即伸手幫助，這是恰到好處的「動」。

所以，靜中寓動，動中有靜，才是正確看待社會的心態。擁有了這種心態，就有了一種大智慧，才能更好地適應社會。

CHAPTER 03

愛心篇 〉

奉獻親切的關懷

愛不是索取而是奉獻，只要能讓人感到溫暖的愛心，你就達到了一定的層次。讓更多的人感受到你親切的關懷吧，哪怕是一句讚美，一個微笑，都會讓他們如獲新生。

不把他人的隱私當作笑話

每個人都有許多事情不需要跟別人分享，如果你把他人的隱私當成資本去炫耀，當做笑料去傳播，那就會讓他人感到被羞辱，當然，就算在他人不知情的情況下，他人的隱私也不要傳播給別人。沒有人喜歡「廣播器」式的人物，要是別人把你的私事暴露在別人面前，你願意嗎？你當然不願意！既然你不想讓你的私事被別人知道，那別人也一樣有除了他之外不想被第二者知道的私事。如果你無意間知道了他的某些隱私，請你最好不要傳播出去。

有這麼一則故事：

在某一間公司，為了使公司事務能在某部門一位員工離職後繼續進行下去，部門經理又聘來了一個叫小瑜的女孩來替補此職位。於是之前離開的那位員工所有的辦公用品轉給小瑜使用也就非常順理成章了。

但是經過沒多久時間，小瑜和同事一起吃午飯時，聊到了以前離開的那位同事，小瑜眉飛色舞，興致盎然地說：「以前離開的那位同事還真有意思，她在電腦裡存了很多精彩的小說，我看了都感動得都流下了眼淚。不知道她是在什麼地方下載的……你們要不要也看看？」

小瑜在午休時間把以前那位同事的小說，分別寄到了幾個同事的信箱裡，第一篇的第一句就是：「愛上我的上司阿雷，已經兩年了。」而小說最後的署名竟然是離開的那位同事的名字『萍』，碰巧他們這個部門的經理也叫阿雷。真令人不可思議，這根本不是什麼小說！同事們一眼就發覺了。值得慶幸的是，小瑜並沒有把這封郵件寄給部門內的所有人，經理阿雷也沒有收到。

同事們看完那封郵件之後面面相覷，小瑜見此狀況也被嚇壞了。有同事就拍拍她的肩膀說：「不要再看了，以後也不要再提了，趕緊把它刪除掉吧！」

雖然說將它刪除掉是一個很好的處理辦法，可是它卻刪不掉大家的好奇心。私底下大家都在討論：「萍怎麼那麼不小心，走的時候都不格式化硬碟？她暗戀經理那麼久。說不定阿雷也是知道這件事的，只不過不理睬她罷了。」

還有的同事說：「她這麼做的目的也很可能是有意讓這些東西洩漏出來讓阿雷明白她的心思。說不定哪天她暗戀經理的消息會傳到經理耳裡，然後就成了一樁好事呢！反正怎麼說經理的夫人也不在台北……」

可是半年過後，小瑜卻向經理提交了辭呈。因為她無法在公司繼續待下去了。自從萍的「小說」在公司上下散播開以後，別人就開始用一種歧視的眼光看小瑜，在來自多方面的壓力下，她除了離開公司以外沒有別的選擇了。

小瑜辭職了，我們可以看出，做人處事時，把別人的隱私當做笑話看絕對是一個大忌，雖然你沒有遇到過類似的情況，但如果事情發生在你身上就麻煩了。說穿了，人格魅力的一種體現，就是在於維護別人的隱私。

正直的人是不會去探取他人的隱私的，就算在得知他人的隱私之後，也不會去傳播，以至於弄得人云亦云，滿城風雨。世界之大，朋友之間的話題比比皆是，為什麼非要拿他人的隱私來娛樂大家，讓大家當做笑話看呢？

真情是為人處世的王牌

眼看著天慢慢黑了下來，船家準備收工回家，正當他準備停船上岸時，迎面走來四個人，一個是商人，一個是官爺的，一個是武士，還有一個詩人。他們都要求船家幫他們擺渡過河。老船公捋著鬍子說：「天已經不早了，老伴還在家裡等我，我要趕快回家。」說著就往岸上走。這時商人走到老船家面前掏出白花花的銀子說：「我有的是錢，你把我擺渡過去，這些錢全是你的。」當官的見商人如此，也不甘示弱地說：「如果你可以擺我渡河，我可以給你一個縣官當。」武士急了對老船家說：「我不管，總之你要不擺我渡河，我就一拳打倒你。」

船家看了看詩人說：「你呢？」詩人說：「唉，可惜我不能給你什麼，可是，如果我不趕快回家，家中的妻子兒女一定會被急壞的。」老船家向詩人揮揮手說：「上船吧！我這就帶你擺渡過河。」詩人不解地看著老船家說：「老人家，您這是為什麼？有銀子和官位都不要，非要渡我這個窮書生。我什麼也給不了您啊！」

老船家面帶笑容地說：「沒有啊。你已經把你最寶貴的財富——真情給我了，你的一聲長歎和臉上顯現出來的憂慮，就說明你是一個注重真情的人。小夥子，要記住真情才是人生中最寶貴的東西。」

權利、金錢、勢力買不到人生中最寶貴的真情。擁有了真情的人，才是世界上最富有的人。真情是為人處世的王牌，可以在成功道路上助你一臂之力。

使人感到他的尊嚴

每個人都有自己獨到的尊嚴，在和別人相處的過程中，要使別人感覺到，你在尊重他們，要是你不去尊重別人，努力使人感到他的尊嚴，那麼你們之間便很難再發展下去。你要明白，使人感到他的尊嚴，是你想讓他們感到高興應遵循的一條準則。你要注意到：

1.在爭論中不要爭搶好勝

每個人都相信自己是正確的，這是十有九次的爭吵原因與結果。其實爭吵中沒有勝負可分。即使你在爭吵中占了上風，說到底你還是失敗了。為什麼？即使你是勝利者，那又能怎麼樣呢？你會洋洋得意，但你的對手會怎樣？你讓他覺得他低你一等，你傷了他的自尊心，他當然惱火。

和他人爭論並不代表能說服他人。爭吵並不能改變別人的看法，因為說服人和跟人爭吵沒有相同的地方。

班傑明•富蘭克林說：「如果你和人爭論並提出異議，有時也可能取勝，但這是毫無意義的勝利，因為你永遠也不能爭得發怒的對手對你的友善態度。」表面的勝利跟他人的支持兩者，你比較想得到什麼？請你仔細地思考一下，魚和熊掌是不能兼得的。

要在爭論中改變一個人的看法，你的努力也許只是徒勞，即便你的意見可能是正確的。

2.有力的握手

威爾遜內閣財政部長威廉•馬卡杜聲稱，用力握手能夠讓對方感覺你很強大，握手不僅是一種交際的禮儀，同時也是表現自己強有力的武器。一些政治家在競選時，一連和數十甚至數百人握手後，他們的手早就因為失去血色而顯得蒼白，由此可以看出他們與人握手是多麼地用力。

一個人若是被人用力地握手，自己就會很自然地用力握回去，這是從心理學的立場來看。握手看起來雖只是手與手的觸碰，但事實上卻是一種心與心的交流。因此用力握手給人一種強大的印象，也可以讓對方感受到自己的熱情和意念。

實際上，用力握手，可以給對方留下深刻的印象。反之，如果對方用力地握我們的手，我們也會不由得就用力地握回去，以顯示自己的強大。

使人難忘的那種強烈的意志及感受，常會被第一次見面的人用力一握而感受到的。

3.不要把整張椅子坐滿

如果一個人把自己上半身深深地靠入沙發中，聽你很認真的講解某事，你會有怎樣的感受呢？如果對方是你的上司，那還沒話說；如果是你的同事，你也許就會對他說：「你能不能認真地聽我說。」這是因為將身體深深地陷入沙發的姿勢，在別人的眼中，看起來往往就是一種不認真的態度，給人印象惡劣的就是這種連上半身都深深陷入沙發中的姿勢。

想給人好印象，只需坐到椅面的前三分之一。採用這種坐姿時，身體的上半身會自然地向前傾，可讓對方產生你是聚精會神的感受，所以會給對方辦事積極的印象！好好利用這一效果，可以給對方留下好印象，也可以有效地表現自我。

4. 隨聽隨記

演講時，演講者總會在不知不覺中對一些拿著筆記本邊聽邊記的聽眾產生好感。因為寫筆記不但顯示了想將對方所說的話留在記憶中，還表示要留下一份記錄的積極態度。

好好利用這種態度，可以使對方感受到你的誠意，當然任何人都不會把沒用的話記下來。一般上司對你說話時，就是感覺再無聊的話你也要聽，此時若能用寫筆記的方式，不但可以給上司留下好印象，還能消除無聊感。

當然，無論在任何方面，細節的東西都應該注意得到，你不應該將別人的尊嚴感拋到腦後，畢竟你也希望別人尊重你，而你不去尊重別人，別人會尊重你嗎？

微笑是人際關係的潤滑劑

微笑能產生多大的效果，這是一般人無法想像的。一位記者對此卻有獨特的感受，他說：「有一次，我參加一個私人晚宴。有一位女賓身上披著貂皮，全身上下又是鑽石，又是珍珠，叮噹作響，奢華非凡！可是那一張面孔，卻是那麼的任性和不可一世，讓人感覺倒退三步。作為女人她忽略了一件事，那就是臉上的微笑遠比身上的衣裳和裝飾來的更為重要。」

「你們必須時常地保持微笑。」這是日本奇異公司的總裁夏日次郎在教導他的員工時說的。著名推銷員休華普的微笑具有百萬美元的價值，這句話一點也不誇張。他那種凌駕眾人的成功，就是憑藉他優秀的人品、魅力以及惹人好感的能力帶來的。可以說他受歡迎的最重要因素就是他那種魅力十足的微笑。

美國密西根大學心理學教授麥克尼爾博士對於微笑，做出了這樣的解釋：「面帶微笑的人，比起緊繃著臉孔的人，更容易獲得他想要的效果。因為微笑的臉孔遠比緊繃的臉孔，藏有更豐富的情報。」

微笑是最美的笑。在窘迫時的微笑，有助於沖淡尷尬、緊張的氣氛；產生誤解時微笑，表示胸懷大度；對陌生人微笑，表示和藹可親。有一種健康文明的舉止是微笑，擁有一張甜蜜微笑的臉，會讓人感到愉快和舒適，帶給人們熱情、快樂、溫馨、和諧、理解和滿足。微笑能烘托出人的形象和風度之美，並且很好地展示人的氣度和樂觀的精神。

微笑是笑得純真、笑得適度、笑得得體、笑得甜蜜、笑得自然、笑得大方、笑得優美的笑，而不是冷嘲熱諷的譏笑和無中生有的傻笑。

在第一次見面時，人們通常會有一種不安的感覺，會存有戒心；而真摯友善的微笑，可以消除這種初次見面時緊繃的心理狀態。微笑不僅是好感的象徵，還是人際關係的潤滑劑，一個人臉上時常浮現微笑，會令他人感到心中十分舒服。生活中許多人對於不帶微笑的寒暄，極易產生反感，也不會產生愉快的心情。但是假如我們有求於別人，遭到別人微笑地拒絕，我們也不至於太過分地生氣。同樣因為拒絕，儘管對方雖然很有禮貌，但卻無半點笑容，那我們也會覺得受到冷淡，不愉快的心情也就會油然而生了。

待人處事留有餘地

我們都知道「盛極則衰」這個道理，就如同弓要是拉得太圓太滿，很容易就會折斷。做人做事也是這個道理，要是在待人處事時，到了完全沒有轉圜的地步，就是不給自己留有餘地，不留臺階。如果事情有轉折，預測或是建議有錯誤，就會讓自己留在半空中，尷尬萬分。最終讓自己上也不行，下也不是，沒有迴旋餘地。

以此類推，只要是話說得太滿的人，必定表現出極端個性。只要是性格極端的人，基本上是不容易妥協的，而他丟掉的將會是靈活變通的機遇。

俗話說：「世事如棋局局新」。局面是會瞬息萬變的，待人處事時一定要把這種情況估算在內，不然就會在許多時候讓自己變得尷尬，同樣也會讓對手為難，因此這種情況不可不防。所以在做人做事的過程裡，不要把弓拉得太圓太滿，待人處事要留下餘地。

換句話說，在待人處事時，切記不要把事情做絕，要時刻處處為自己留下可轉圜的餘地，如同行車走馬一樣，如果你一下子就走到山窮水盡的地方，想調頭時就不容易了。常言道：「寧吃過頭飯，不說過頭話」，就是這個道理。在辦事情的時候，多用一點「太極推手」的功夫，永遠保持一些可以迴旋應變的能力。

人生的不快，往往差在毫釐之得失，半步之長短。社會中所有的人都有自己的生存原則，用不著在乎他人的議論與評價，也不要去干預他人。時刻保持一顆寬容的心，所有的事給人留有餘地。凡事不饒人、怨恨他人、不原諒他人，結果給他人帶來不好的影響，讓自己難過也加重自己的負擔，讓自己鬱悶。由此我們要寬容待人，為自己留一點餘地，給他人找一個臺階下。凡事太盡，緣份勢必早盡。要懂得異地而處，多想想自己的不足。知足知不足，有所為有所不為。做事明白是非、留有餘地的人，才能做一個明智的人。

不論對自己還是對方，都要留餘地，即便擁有強勢作風的談判高手，也會適當留給自己或是對方可以迴旋的餘地。萬一讓自己弄得下不了臺，這樣尷尬的局面會在談判雙方的心理中產生微妙的變化，以至於影響勝負的天平。

明白了做事留有餘地的道理，也要知道如何把握標準，要有一個限度，假設沒有限制地保留餘地，只是為了算計著明日要取得怎樣的成就，這樣就談不上餘地。

某人應徵一家大型企業的行銷主管。在面試的時候，雙方談得很投機，並沒有侷限在特定的職位上。因為多種原因，這個人沒有贏得這個職位，在雙方表示遺憾的同時，也表達了有機會再合作的想法。一段時間後，這家企業就打來電話，詢問這個人是否願意出任企業的北區市場主管。實際上，這種結果從某種意義上而言，就是留有餘地的益處。

要是你離開一家不好的企業，也不要把關係搞得太僵。因為你離職之後還要奮鬥，而這家企業也在發展，可能雙方就會在更高的起點上合作，畢竟雙方互相都很瞭解。

一枚硬幣有兩個不同的面，同樣地，在這個世界中，沒有什麼事情是完全絕對的，所有事物都有兩個相對的面。換句話說，我們做事不要太絕對，不管是對自己還是對他人，都要留下一些能夠迴旋的餘地。

三國時期，諸葛亮七次生擒孟獲，最後卻又把他放回去了。或許有人會說，他真傻，抓一個人費了那麼多的時間與精力，最後還不是「放虎歸山」。實際上，如果我們換個角度而言，就不這樣想了，諸葛亮這樣做的目的，不只給自己留下了餘地，也為孟獲留下了一條退路，深諳用人之道的諸葛亮很清楚，想要一個人為你心甘情願地效力，就要使他心悅誠服地投降。最後，在第八次擒住了孟獲之後，他

甘心歸降認輸，此舉也成為了諸葛亮的一段傳世佳話。

從一定意義上來說，留有餘地是一種積極的心態。佛家道：「心善如水。」劉墉也在他的書裡寫道：「人們往往驚異於太陽的熱力，而腳下的大地卻有著更令人驚奇的熱量。天沒暖，大地先暖，因此很多花才會破冰綻放；人情不暖，內心先暖，因此我們能夠在塵世做一劑清流。」一個心地善良的人，常常能替別人考慮很多實際問題，由此也時常為他人留有餘地，或許他會因為這樣而失去一些名利或財物，可與此同時，他卻贏得了對方的感激與信任，這就是比金錢更為珍貴的東西。

換句話說，留有餘地的目的是不要用盡全力。清人在《兩般秋雨庵隨筆》卷五記載到「四不盡」，就是「功不可立盡，官不可做盡，恩不可施盡，寇不可殺盡」。意思是講，功要立盡了，就會功高蓋主，皇帝與其他大臣都會很不安，碰到老實的郭子儀還好，要是碰到狼心狗肺的司馬懿，就免不了會掀起一場腥風血雨；而官至極品，一人之下，萬人之上，看上去榮耀蓋世，實際上是危機四伏，君臣猜忌，必有一番死鬥。就像高到無官可封的年羹堯，也有一天會被降十八級，最終還被賜死；寇不可殺盡，就有兩層意思，一是窮寇勿追，讓他走投無路，就會與你拚命；二是「鳥盡弓藏」，敵寇殺完，軍謀將士們也離死期不遠了。這些個「不盡」，固然都有其道理，也有它的作用，同樣都是些明哲保身的方式。

人在社會裡，不管做人還是做事，都要懂得留有餘地，話不可說滿，事不可做絕。所謂「天無絕人之路」意思就是，上天會為每個人留有轉機和選擇的餘地。家有餘糧，日子好過，日有餘用，生活安定，就是要做到「達則兼濟天下，窮則獨善其身」。常言道，彈琴唱歌，餘音繞梁；贈人玫瑰，手留餘香。要懂得留有餘地，才會做到均衡、對稱與和諧；要留有餘地，才會做到進退從容，屈伸任意。我們留下更多的空間給他人，實際上也是留下退路給自己。

說話從對方的角度著想

留意每個人，進而對每個人產生興趣！奧地利著名心理學家亞佛・亞德勒在他的著作《人生對你的意識》中這樣寫道：「對別人不感興趣的人，他一生中的困難最多，對別人的傷害也最大。所有人類的失敗，都出諸於這種人。」

如果你是一名推銷員，你是不是在為找不到顧客而發愁呢？如果你的回答是「是」的話，不要著急，因為只要你是真的對別人感興趣的話，那麼在接下來的兩個月裡你所得到的顧客，一定會比一個要別人對他感興趣的人在兩年內結識的人要來得多。

一個會說話的人，往往是最善於說對方感興趣的話的人。而一個會辦事的人，常常是做了讓對方感激和感動的事的人。

華哲斯頓被公認為是「魔術師中的魔術師」，在他那個時代裡，他能用精彩的表演讓超過六千萬人買票進場看他的演出。其成功的秘訣就是懂得如何從關懷觀眾的角度出發，懂得表現人性。華哲斯頓對每個人都表現得真誠而感興趣。他說：「許多魔術師會看著觀眾，而心裡在想：『坐在台下的那些人都是一群傻子和笨蛋，我可以把他們騙得團團轉。』」而華哲斯頓的方式卻不同，他每次上臺，就會對自己說：「我很感激，因為這些人來看我的表演，就是我的衣食父母，是他們讓我能夠過上很舒適的生活，因此，我要把我最高明的手法，表演給他們看。」

說話的時候，只有從關懷對方的角度出發，才能贏得對方的心。你為對方著想，對方也會為你著想。

想讓自己說出來的話具有價值或者說出來的話能夠帶來價值，那麼，你就需要記住這一條適用於廣泛領域，也適合於說話的定律，那就是「黃金定律」——你想要別人如何對待你，你就得先如何對待別人。

凡事只有先去替別人著想，才能獲得別人的支持，要為別人做自己力所能及的事，或是至少關心別人的行動。

亞郎是一家法國皮鞋廠的推銷員，他曾多次拜訪一間皮鞋店，但他每次拜會老闆的請求都被鞋店老闆拒絕了。

一次，亞郎又來到了這間鞋店，口袋裡裝著一份報紙，報紙上刊登著一則關於變更鞋業稅收管理辦法的消息。亞郎認為這則消息有利於幫助店家節省很多費用，因此就希望能帶給皮鞋店老闆看看。

這天，亞郎來到鞋店前，大聲地對鞋店裡的一位店員說：「請您轉告您的老闆，說我有辦法讓他發財，不但可以讓他大大減少訂貨費用，還可以本利雙雙賺大錢。」

沒多久，老闆便同意接受他的拜訪。

當你能夠為顧客考慮，甚至為其提供有價值的資訊，幫助顧客的生意時，顧客就不可能不為你的生意著想。這時你就不僅僅是推銷員，而且還是對方的顧問，他們獲得了由你提供的可靠消息後，你的生意不但多了一筆，還會有連續不斷的後續發展。

羅里是一個商會員工，他曾打電話給他的一位顧客說：「您好！比科先生，現在，我將要提供給您的服務，是別人無法替您設想得到的。」

於是，比科不解地問：「什麼服務？」

「我可以為您提供一貨車石油。」

「我不需要。」

「為什麼？」

「你給了我一貨車石油，我要放在哪裡啊？」

「假如我是您的兄弟，比科先生，我會迫不急待地告訴您一句話。」

「什麼話？」

「由於貨源快要短缺，那時候您就可能無法買到所需要的油料，同時，它的價錢還會暴漲，所以我建議您現在就買下這些石油。」

「我真的沒有可以儲存的地方。」

「那您為什麼不租用一個倉庫呢？」

「我看還是算了吧，但仍然謝謝你的好意。」

但當稍後羅里回到辦公室時，辦公桌上放著一張留言條，上面寫著：「比科先生讓您給他回電話。」

電話一接通，比科先生便在話筒另一頭迫不及待地說：「我已經租好了一個舊車庫，可以儲放石油，請您把您的那一貨車石油送過來，好嗎？」

再看一個例子：

惠惠是自行車行裡的一位年輕的促銷員。有一天，一對夫婦帶著孩子來車行看車。惠惠熱情地接待了他們。當然，惠惠只是在旁邊請他們自己慢慢地看。最後，夫婦選中了某種型號的車子，但他們嫌這輛車比其他品質差不多的車子貴了五十元。細心的惠惠看到這種情況，便做了如下的介紹：「我也有你們的這種感覺，只是以後你們就會發現，這五十元是最物超所值的部分。因為這輛車有一個非常好的名字，叫做『請您放心』，它的煞車器不僅經久耐用，方便簡單，而且更為重要的是，安全可靠。」

接下來，當看到夫婦倆點頭認同之後，惠惠又繼續說：「太太，您的小孩騎自行車，您最擔心的是什麼？應該是安全問題吧？多花五十元買一份安全，您難道不覺得物超所值嗎？而且這輛車至少可以讓您的孩子使用五年，五年才多花了五十元，每天多了不到一毛錢。還有什麼值得顧慮的地方呢？」

聽了惠惠一番話，那對夫婦當場便買下了那輛自行車。

當我們一再表明，產品能為對方帶來好處，對方一般都會感動。

當然，我們首先要做的是，認真觀察和瞭解對方關心的是什麼。要讓自己把百分之八十的精力和說話內容都落在關注對方的需求上。

無論何時何地，都要學會為對方著想，這就是獲得對方認同的關鍵，但要成功做到這一點，就需要我們關懷對方的利益，觀察對方的興趣。

對陌生人不避而遠之

人海茫茫，芸芸眾生，能認識幾個人，算是緣分。大多數時候，我們會來到陌生的城市，經過陌生的街道，聽到陌生的語言，和陌生的人群擦肩而過。

陌生並不意味著隔絕，在一個陌生的環境裡，更需要向陌生的當地人瞭解資訊、打聽情況。不過來到火車站的遊客們可能對附近的標語有點不舒服：請小心陌生人，謹防上當受騙。

一般的大城市，南來北往的遊客很多，一下火車站，不少人會不知道接下來該怎麼到達自己想去的目的地，怎麼去比較方便，這都得找人問個清楚。攔了個人一問，人家不搭理你，以「疑似騙子」的態度直接將你打入冷宮。如果只遇到一個人這樣還說得過去，假如遇到的冷臉多了，遊客自己也會糊塗；我來到這裡是想要騙點什麼嗎？就

算一開始沒有這種心態，到後來也會被這標語影響，喚醒沉沉睡去的警惕之心，也對每一個前來問話的陌生人心懷戒備，同是天涯行路人，就這樣硬生生多了層隔膜。

當然，預防詐騙的提醒是出於好意，因為騙子實在太多，而且騙術高超，三言兩語誘騙下，很容易就產生受害者。

也因為詐騙手法不斷推陳出新，其實在我們的身邊也有很多的「警告」存在：別扶不小心摔倒的老太太，小心騙了你醫藥費；別一時衝動制止公車上的小偷，小心一個人被一群人毆……從自己眼中看出去，別人都是狼，別人眼中看自己，又何嘗不是如此？群體的異化，必然造成群體的疏離，整個社會的個體彼此缺乏基本的信任與善意，那麼遍地都是陌生人。

在法國的廣場上，有一位白髮老婦整天踱來踱去。有人以為她是位無家可歸的老人，有人以為她僅是在活動筋骨。直到有一天，報紙上登出了這位老人的感人事蹟，人們才知道，原來她是在來往的人群中搜尋心事重重、面帶焦慮、迫切需要幫助的無助者。

看到獨自亂跑，東張西望的小孩，她就上前問一句：「小朋友，要我幫忙嗎？是不是找不到家了？」見到滿眼憂鬱的女孩，她也會上前問一句：「孩子，或許我能幫助你，有不開心的事嗎？說出來吧。」見到滿臉沮喪、心事重重的老年人，她也會主動打招呼：「遇到不開心的事情了嗎？我們來聊聊天？」

她救助過因前途迷茫、失戀、病痛而企圖自殺的青年男女，還送過迷路的智障老人和離家出走的小孩回家，也救助過被拐騙的異地少女，還曾成功地勸說悲觀厭世的絕望者重拾自信。

在這位老人的影響下，當地群眾自發地成立了一個銀髮老人救助組織，他們的口號是「多和陌生人說話」。如今，越來越多的退休老人加入到這個組織，像那位老婦人一樣，走上街頭去搜尋需要幫助的

人，他們活用自己見多識廣的經驗，來點化和安慰那些深陷痛苦之中的人，而面對那些需要幫助的人，他們也義不容辭地給予力所能及的幫助。有了他們，生活便變得更為美好和溫暖。

人與人之間多一些溝通和交流，這個世界就多了一份溫暖。人心溫暖如春，生活才美好陽光。多和陌生人說話，他可能因為你一次主動的傾心交談而避免一場災難，彌補一些遺憾，創造一份美麗，改變一種結局。

滴滴小水珠，顆顆小沙粒，最後會形成浩瀚的海洋與宜人的土地。為了避免遺憾，改變一種可能的結局，「多和陌生人說話」，多些心與心的溝通，就可能減少別人不必要的錯誤，讓別人感到濃濃的善意。

安慰要恰到好處

在人生道路上，每個人都有可能遭受困難挫折、經歷打擊和身陷逆境。面對不幸的遭遇，當事者不但本人需要堅強，也迫切需要他人特別是親人和朋友的安慰、鼓勵與幫助。

對遭受挫折的人，不去關心反而去責怪已往的過失，是非常不可取的，但盲目地憐憫也不可行。「唉，上帝真不公平，怎麼偏偏讓你遇上這種事！」、「你真是命中註定要受這樣的苦！」如此怨言，只能讓聽者更加心灰意冷，更不要提從頭再來、重整旗鼓的勇氣了。

安慰就像雪中送炭，給遭受不幸的人溫暖、信心與力量。但這時也要注意：安慰得要恰到好處，並非僅僅說幾句話那麼簡單，應根據安慰對象的實際情況，適當地避談一些話題。

探望身患重症的病者，應談一些病人開心、感興趣的事，轉移對

方的注意力，盡力去幫他驅除對病情的憂慮、恐懼與痛苦。

在這個時候，切忌過多地談論病情。若對方本來就對自己的病情疑神疑鬼、猜疑憂慮著，你再對此前因後果大談特談，將會加重病人的心理負擔，反而達不到安慰的初衷。

有時候，說些善意的謊言，也未嘗不可，說不定還能發揮好的作用，對病患的病情輕描淡寫、重病輕說，以寬慰其心。因為善意的謊言如果能喚起病人對生活的熱愛，鼓舞起他戰勝病魔的鬥志，就有可能使他的生命延續得更長久，說不定會出現奇蹟。因此，善意的謊言，沒有過錯。

善意的謊言，當然也是用心良苦的，是為了幫助不幸的人減輕精神痛苦，幫助其重新揚起生活的風帆。此人日後即使明白了真相，也是滿懷感激，不會埋怨的。即使他當時半信半疑，或者明知是謊話，通情達理者仍會備感溫馨和寬慰。那些明知會加重對方的精神痛苦，卻仍要實話實說的人，是無法安慰對方的。

對於因生理缺陷而遭人歧視的人，由於不幸的原因有些來自於天生，勸慰這些人時應著重鼓勵對方，不要向命運屈服，不要向挫折低頭，每個人都有自己的優勢。可多向他講述一些名人的成功事例，作為其生活的榜樣，只要有信心，並且堅持不懈，每個人都可以擁有自己精彩的人生！

對於突然失去親人的人，不宜著急勸阻對方嚎啕大哭。喪親的強烈悲痛就像一塊巨石積壓在心頭，讓他宣洩、釋放出來，反而有利於較快恢復心理平衡，並回復到平靜狀態。你要耐心傾聽對方的哭訴，給予適當安慰，一同回憶死者生前的優點和貢獻。

還有很多年輕人在學業上遭遇了挫折，這時的他們更需要鼓勵的話語。可惜的是，很多家長面對孩子的考試成績不理想或大考失利，總是一味抱怨和責罵：「真沒出息！我看你的腦袋根本不是讀書的料，還是去掃垃圾算了！」、「都怪你平時不好好學習！」

如果家長表現得寬容一些，積極開導暫時失利的孩子：「這次是沒發揮好吧？沒關係，我當年考試也失利過。好好總結整理一下，下一次考好它！」、「條條大路通羅馬，自學也可以成材，何況現在成材的道路還有很多呢！」

顯而易見，前者的態度只會在孩子的傷口上再撒一把鹽，使孩子備受折磨，而後者的態度才能真正使孩子重新振作、奮勇向前。

適當地聽取父母的意見

現代男女接受許多新思想和民主自由的觀念，在許多事情上都有自己的主張。但常言道「不聽老人言，吃虧在眼前」，父母的人生經驗畢竟比較豐富，他們的意見一定都是有道理可循的，我們不要完全不顧父母的意見，尤其是在戀愛中的時候。

小雯和小凱是大學同學，兩個人在學校時就談起了戀愛，而且難分難捨。但是畢業後，雙方的父母認為他們的性格不合適，因此畢業一年後他們就分手了。小雯想起他們曾一起喝醉酒，一起坐在馬路邊向車扔石塊的年少輕狂情景。那時在別人眼裡，他們是一對非常相配的情侶。可是誰會想到他們後來竟會分手。

小雯清楚地知道他們是不會有結果的——他們的個性是有很多相似的地方，可以一起分享快樂和憂愁，但是他們生活習慣大相逕庭，包括擠牙膏的方式，一個從底部，一個從中間，為此小事，他們經常吵架。

愛情是和人的生活習慣有關的，所謂「性相近，習相遠」也，不同的生活習慣很難讓兩個相愛的人在一起。小雯和小凱在生活方式和思維方式上的不同，註定了他們最後只能以分手告終。而畢業當初，他們聽從父母的意見分開，或許對於雙方未來都更好些。

父母的眼光在現實面來說，跟「門當戶對」有很大關係，但是用「門當戶對」來衡量愛情是否有道理呢？其實還是有道理的。一提「門當戶對」，我們很容易想起在古早時代，所謂雙方家庭的社會地位和經濟狀況相當的舊式婚姻制度，這給天下多少有情人造成了不幸，也造成了許多戀愛上的悲劇。事實上「門當戶對」的婚姻是保證美滿婚姻的一個條件——事實上，許多「門當戶對」下的婚姻還是較為美滿的，應該說還占了一個很大的比例。

今天，我們提的「門當戶對」是指雙方家庭的為人道德、文化素養和家教家風要相近。而前兩者決定著一個家庭的家教要求，長期的家教又會形成家風。如此的「相近」，會培養形成家庭成員的基本素質及人生觀、價值觀。而素質的優劣、人生觀、價值觀的不同，會反映出對人、對己、對事態度的不同，甚至會全然相反。

在現在的社會中，蘿絲愛上傑克只是好萊塢電影一手炮製的童話。正因為是人間難得幾回見的童話，《鐵達尼號》的愛情故事博得了無數男女老少的眼淚。所以我們應該聽聽父母的忠告，父母把他們的眼光投到了現實社會中的更具體層面，而不是風花雪月的愛情。在需要物質和精神兩種食糧來讓人快樂的今天，我們更願意選擇門當戶對。兩個人既需要有相同的生活習慣，還需要有共同的進步，而這恰恰是一樁幸福的、完美的婚姻體現。夢想愛情神聖、偉大，可以超越「門當戶對」的勸告，日後的婚姻必將面臨意想不到的苦果。

人人都有值得讚賞的地方

要想得到別人的尊重必先尊重對方。雖然尊重未必能贏得平等，但只有尊重別人才可能得到別人的尊重。讚賞別人就是一個重要途徑。喜歡被人讚賞是人的天性。如果在處世交友中，人人都善於誇獎他人的長處，樂於讚賞他人的話，那麼，彼此間的好感將會大大增加。

每個人都有值得讚賞的地方。

平常嘮叨不絕的劉阿姨有一天一反常態，她觀察丈夫偶爾表現出來的良好行為——丈夫無意中洗了一次碗，於是劉阿姨就對他大加讚賞，並答應做幾道好菜予以鼓勵，丈夫聽了，頗為感動。

又一次，丈夫無意中順手洗了自己的襪子，劉阿姨馬上又大作表揚。漸漸地，丈夫感到了妻子的賢慧，家庭的溫暖，一回家就主動找家事做，並慢慢地樂在其中。

這個例子告訴我們：讚美他人會使對方心情愉快，被讚美者的良性回報也會使你自己感到舒服，彼此得到的尊重就會形成人際關係的良性迴圈。

當然，誇獎、讚賞他人，並不是說可以毫無顧忌、不講分寸，而是必須做得恰到好處。讚美別人時，我們要注意以下兩個原則：

1. 真誠。就是說，誇獎別人要出於真心，誇獎的內容必須是對方確實具有或即將擁有的特質和優點，不要讓別人感到你言不由衷，另有所圖。如誇獎一位身材矮小者長得魁梧恐怕就要出現「馬屁拍在馬腳上」的情況，這就不是對他的尊重了，而是嘲弄了。

2. 誇獎的內容應是對方所在意的事。例如稱讚中年婦女婀娜多姿，讚揚老年人氣宇軒昂，便很容易引起良好反應，而讚美兒童有一張娃娃臉、年輕人身強體壯等卻很難有積極效果。

有一位心理醫生，在銀行排隊提款時，看到前面有一位老先生滿臉愁苦，有人稍不小心碰到他一下，他就破口大罵。心理醫生想：一定要讓這位老人開朗起來，這樣他就不會以不滿的態度對待別人了。於是心理醫生一邊排隊，一邊尋找老先生的優點，終於他發現：老先生雖駝背哈腰，卻長著一頭漂亮的頭髮，於是當老先生辦完事情，走到心理醫生面前時，心理醫生趁機衷心地讚道：「先生，您的頭髮真漂亮！」一向以一頭漂亮頭髮而自豪的老先生，聽到醫生的讚美非常高興，頓時精神煥發、面容開朗起來。

可見，一句簡單的讚美可以給別人帶來了很大的心理滿足。

人與人之間本就不應該互相排斥。有一棟大學宿舍，住宿生彼此關係很緊張，整天不是我把你看扁、就是你瞧我不起，似乎彼此都有戒心，更談不上互相尊重了。有時為毛巾、牙膏這些小事都會大吵大鬧，從不懂得友好相處，宿舍氣氛也十分沉悶。一個同學在學校詩歌比賽中獲獎了，其他同學就會議論紛紛，說那首詩是狗屁，是評審裡有人暗中幫了她。當那個同學興沖沖地回到宿舍時，見大家冷冰冰的，沒有人提起她獲獎的事，也就很失落。從此這位學生因為人際關係的事感到很苦惱，非常渴望想擺脫這種狀況。

有一次這個女生她下定決心以後要開始試著誇獎他人，真心讚賞他人的長處，如：「你今天氣色不錯耶！」、「你的眼睛真漂亮！」、「這件裙子真適合妳！」等等。不久之後，她發現宿舍的氣氛變了，大家互相幫助、彼此關心、有說有笑，下課後還會一起回宿舍，宿舍就好像磁鐵一樣，開始有了一種無形的吸引力。

因此，人與人之間不要相互對抗，不妨試試從細節開始誇獎。即使在同一個屋簷下生活，學會讚美也是同樣重要。人們常說：婚前甜言蜜語，婚後批評抱怨。大家以為結了婚，就如同進入愛情的保險箱，從此用不著去討好、誇獎對方——抱著如此想法，難怪會有「婚姻是愛情的墳墓」的說法。其實婚後妻子更需要丈夫的欣賞和讚美，

丈夫也更渴望妻子的鼓勵，過分地批評挑剔不但於事無補，反而會適得其反。

如果你是領導者，讚賞別人會使你具有神奇的力量。如果你對下屬說：「大家都知道，你很能幹。由於最近公司人力吃緊，所以我們希望得到你的幫助。」這樣一來，下屬一定會心甘情願為你分憂，即使一人做兩個人的工作量，他也不會有任何不滿。

在與人交往的過程中，認真尋找他人的優點，這也許會在不久的將來對你大有助益。當然，讚賞是嘴上的春風，也是語言的鑽石，無論大人、小孩、男人、女人都希望被讚賞、被肯定，我們常說「日行一善」，其實，在與人相處時，嘴巴甜、懂得看到別人的優點，並且適時地加以讚賞，這也可以算是善舉！而人生無常，事事難料，我們更應該把握每次相遇和相處的機會，讓我們每次與他人的溝通時，都能少些挑剔，多些包容，常常讚賞，使生命充滿喜悅與美好！

誠實永遠都不會吃虧

自古以來，誠實就是一種優良的品德，它與謊言不和，與欺騙無緣，擁有誠實的品德不會吃虧。要是不誠實，在這個現代社會，你終會因欺騙了別人而造成別人對你不信任，漸漸地，你會感覺到自己從中失去很多。

當下，許多人都認為欺騙和說謊話是一種有利的行為，他們覺得這會使他們獲得好處，並且認為欺騙的手段是很值得使用的。

有一則很有名的寓言故事：

一個農夫在過橋的時候不小心把斧頭掉進了河裡，他坐在河邊傷心地哭起來，因為這個斧頭是他生活的來源。

這時，一位女神從水中浮出，並拿出了一把金斧頭，農夫搖頭說：「這不是我的。」女神鑽進水裡，很快又拿出一把銀斧頭來，農夫還是搖頭說那把斧頭也不是他的。最後女神拿出了一把鐵斧頭，農夫說：「這才是我失去的斧頭。」於是女神就把金斧頭和銀斧頭一起送給了農夫。

這件事情讓一個貪心的傢伙知道了，於是他故意把斧頭扔進河裡。很快，女神果然拿著一把金斧頭出現了，還沒等女神問他，貪心的傢伙馬上說：「這就是我弄丟的那一把。」女神厭惡他的不誠實，就帶著金斧頭一起消失了。而這個人最終連自己的斧頭也沒要回來。

看吧，不誠實，結果怎麼樣？要是他誠實，女神不僅會把他的斧頭還他，而且還很有可能賞他一些什麼東西，但就是因為他的不誠實，他不但沒有得到什麼額外的好處，而且還惹得女神生氣，將他原本的斧頭也一併帶走。

同樣，現實生活中，許多商店為了掩飾自己商品的缺點，登載各種欺騙消費者的廣告。當然，他們的業績不會維持長久，往往會與他們最終盈利的終極目標背道而馳。試想看看，他們不誠實，終究會被消費者知道的，要是他們誠實，他們的生意可以一直做下去，這遠遠比靠欺騙得來的盈利實際得多。而且誠實還會讓他們贏得別人的尊重，錢名兩得，何樂而不為呢？

的確，不誠實會吃虧，就像許多年輕人，為了取得一些蠅頭小利，揮霍掉了自己的人格和名譽。他們本來打算做更大的事，只是不誠實讓他們採用了極端的手段；雖然獲得了一時的滿足，但長久下來，他們一生會失去很多東西，實在令人感到可悲。不過，宋朝的晏殊因為誠實，後來做了宰相，要是他不誠實，可能只是一個普通的官員而已。

宋朝丞相張知白向朝廷推薦年輕的晏殊，說他將會大有作為。朝廷召晏殊來到宮殿，當時正值真宗皇帝殿試，就命令晏殊參加考試。晏殊見到試題後，毫不猶豫地說：「這首賦我在數天前已作過，請皇上另出別的試題。」正因為他的誠實，博得了真宗的喜愛，讓晏殊擔任了官職。後來，太子東宮缺人，內廷批示授晏殊擔任。第二天皇上告訴了他任命的原因：「近來聽說館閣裡的官僚都宴樂玩賞，唯獨晏殊兄弟埋頭讀書，他們如此持重，可以擔任東宮官。」晏殊聽了後說：「臣不是不喜歡宴樂和遊玩，只不過是因為貧窮，玩不起啊。要是有錢，臣也想去宴樂和遊玩。」皇上對他的誠實倍加讚賞。宋仁宗時，他終於做了宰相。

晏殊誠實，他是一朝宰相，遠比那些不誠實的人好得多。或許我們都知道烽火戲諸侯的故事，周幽王為了博寵妃褒姒的嫣然一笑，下令在都城附近二十多座烽火臺上點起烽火——烽火是邊關報警的信號，只有在外敵入侵需召諸侯來救援的時候才能點燃。結果諸侯們見到烽火，率領兵將們匆匆趕到。可是當他們明白這是君王為博妻一笑的花招後隨即憤然離去。褒姒看到平日威儀赫赫的諸侯們手足無措的樣子，終於開心一笑。五年後，西夷太戎大舉攻周，幽王烽火再燃，而諸侯卻未到——誰也不願再上第二次當了。結果幽王被逼自刎，褒姒也被俘虜。

周幽王自取其辱，身死國亡，可見，誠實絕不會讓一個人身敗名裂，而且還很有可能使他光宗耀祖。

所以，誠實不僅僅是人生的一種美德、更是自己優良品格的表現，而且從長遠的利益來看，誠實的人不會吃虧。所以說，做個誠實的人吧，你將終生受益無窮！

CHAPTER 04

養心篇 ›
踏上心靈的高塔

我們所追求的就是心態上的境界，當然，做到很難，但有所求有所不求，適時糊塗，耐得寂寞，我們還是會成就一番事業的。關鍵是要學會讓自己快樂，追求自己想要的並貫徹到底。

珍惜現在所擁有的

波斯有個著名的詩人薩迪，當他談到自己樂觀的人生態度時，講述了他的一次遭遇。

薩迪因為買不起一雙鞋而赤腳走到教堂，他沮喪萬分地哀嘆命運的不公。當他進入禮拜堂時，看到一位沒有腳的人，這時他才發現自己是多麼的幸運，而這世界也並不像他所想的那麼不公平。所以，他不再為窮困而苦惱，在文章中他寫道：「在飽食人的眼中，燒鵝好比青草；在饑餓人的眼中，蘿蔔便是佳餚。人們在沙漠中口渴難耐時所期望的，並非讓人扔給你一袋鈔票或珠寶，而是一瓢能解渴的涼水。人們在身無分文時所期望的，並非腰纏萬貫，而是能解決溫飽。」

當你不知足時，不妨想想世界上還有很多不如你的人，他們依然快樂地生活著。當你不知足時，不妨想想你比別人富有的那些方面，你便會發現自己生活得也很幸福。世界上的事情就怕「比較」二字，又或者說，你常常比較錯了對象？當你與比你不幸的人做比較時，你會發現其實你很幸福，當那個比你不幸的人再與其他比他更不幸的人做比較時，同樣會感到自己幸福無比，依此類推，人們會發現，每個人都是富有的，只是要懂得滿足。

在一片茂密的大森林裡，一個砍柴的老漢正在賣力地砍柴。當他掄起斧頭準備砍一棵樹時，一隻有著金喙的小鳥從樹上飛下來，對老漢說：「你為什麼要砍倒這棵樹呀？」老漢說：「家裡的柴快要燒完了。」小鳥說：「你不要砍倒它。回家等著去吧，明天你家裡會有許多柴。」

老漢聽了小鳥的話，兩手空空地回家了。第二天，院子裡果然堆滿了柴，老伴高興地叫他出來看，不知道發生了什麼事，老漢就將遇到小鳥的事情原原本本地告訴了老伴。老伴說：「雖然咱們有柴燒

了，可是我們卻沒有糧食。你再去找小鳥要點來吧！」老漢聽從了老伴的話，又回到那棵樹下。這時，小鳥飛來了，牠問：「你想要什麼呀？」老漢把老伴的想法告訴了小鳥。小鳥聽完後，依然讓老漢回家等著。第二天早上，家裡果然出現了很多糧食，老伴欣喜若狂地喊道：「老頭子，你快去跟那金嘴巴小鳥說，我要穿綾羅綢緞，還要很多奴僕伺候我，快去快去！」老漢有些不耐煩，可是拗不過老伴，還是去找小鳥了。老漢把老伴的願望如實對小鳥說了。小鳥很快答應了，叫他回家等著。

第二天早上醒來，老伴發現自己的願望果真實現了。自己穿著綾羅綢緞，而且還有很多的侍衛和婢女。貪婪的老伴仍然不滿足，她對老漢說：「去，找金嘴巴鳥去，讓牠把魔法分給我，讓牠每天早上來宮殿為我跳舞唱歌。」老漢再次將老伴的意見轉達給小鳥，小鳥憤怒地瞪著眼睛說：「回去等著吧！」老漢又回到家，等待著願望實現。

第二天起床後，他們發現原來擁有的一切都化為烏有。

這個童話故事大概很多人都聽過，它就是要告訴我們：人的欲望永遠無止境，擁有了穩定的生活還要去追求安逸，擁有了安逸的生活還要追求奢侈的物質享受。欲望是貪婪的藥引，只要你的欲望沒有盡頭，生活就永遠找不到快樂。知足者常樂，珍惜現在所擁有的。當你體會這句話的含義時，你會發現，你是世界上最富有的人。

學會讓自己快樂

快樂的源泉很簡單，只要你有快樂的念頭，有快樂的行動就可以了；有了快樂，不但可以減輕你工作和生活上的壓力，而且還有利於加速你的成功，創造出更好的價值。如何保持快樂的精神狀態並把快樂根植於心田？這是一個很大的問題。因為養成快樂的習慣，不僅可以減輕你工作上的壓力，而且還有利於你在商場上賺錢獲利，創造出更好的價值。成功人士相信：少一份煩惱，就多一份快樂。正如成功學大師拿破崙•希爾所說：「忘卻煩惱，學會讓自己快樂。」

但是，怎麼樣才能真正地讓自己快樂起來呢？這是一個困擾很多人的問題。

其實，只要擁有了簡單的快樂思想，快樂就會降臨到我們的身邊；如果我們想的都是悲傷的事情，那麼我們註定會悲傷；如果我們想到一些令人危言聳聽的事情，那麼我們註定會害怕；如果我們想的是不好的念頭，這樣一來我們恐怕就不會安心了；如果我們想的盡是失敗，我們就會失敗；如果我們沒日沒夜沉浸在自憐裡，大家便都會有意地躲開我們了。諾曼‧文生‧皮爾說：「你並不是你想像中的那樣，而你卻是你所想的。」

這是不是說對於所有困難，我們都應該這樣去應付？不是的。生命不會如此簡單，不過還是鼓勵大家應該趨向正面的生活態度，尤其重要的是，不要採取反面的消極態度。換句話說，我們必須關注我們自己，但是不能過於憂慮。那麼關注和憂慮之間的分別是什麼呢？

舉個例子，如果一個人每一次都要通過交通擁擠的喧鬧大街，那麼他就會很注意他正在做的這件事——可是並不會憂慮。瞭解問題在哪裡，然後便鎮定地採取各種措施去逐一地加以解決。單純的憂慮只是發瘋似的在原地轉圈停滯不前。

一個人在專注於重要的事的同時，仍然可以在衣襟上插著花，悠然昂首闊步。有一次演講大師喬治・凱協助羅維爾・湯馬斯主演了一部著名的電影，湯馬斯那個穿插在電影中的演講在倫敦和全世界都大為轟動。倫敦的歌劇也因此延後了六個星期上演，讓他在卡文特花園皇家歌劇院繼續說著這些冒險故事給人們聽，並放映他的電影。在倫敦成功後，他又相繼地周遊了幾個國家。

但是就在這時，不幸的事情來臨了——他突然發現自己破產了。當時，喬治・凱正好和他在一起，他們不得不到街口的小飯館去吃很廉價的食物。然而，要不是一位蘇格蘭知名的畫家——詹姆士・麥克貝借給湯馬斯錢的話，他們甚至連那點便宜的食物也吃不到。

故事的重點在下面：

當羅維爾・湯馬斯面臨龐大的債務以及極度失望的時候，他雖然很擔心，但是他並不憂慮。他非常清楚地明白，如果他被霉運弄得垂頭喪氣的話，他在別人眼裡就會一文不值，尤其更會讓他的債權人瞧不起他。所以他每天早上出去辦事之前，都要買一朵花，插在衣襟上，然後在牛津街昂首闊步。這對他來說，挫折只是整個事件裡的一小部分，心中有那股幹勁，才能爬過高峰，存有一種成功後的喜悅。

而施恩不圖回報則是使自己快樂的另一個秘訣。

演講大師喬治・凱曾分享了一個自己的故事：

小時候家裡很窮，經常捉襟見肘，債臺高築，但他的父母仍然喜歡助人為樂。他的父母總會儘量想辦法每年送點錢到孤兒院去。那是設在愛荷華州的一座基督教孤兒院，他父親和母親從來沒有到那裡去看過，或許也沒有人為他們所捐的錢向他們表示感謝——除了寫來感謝信，可是他們卻覺得所得到的報酬非常富有。因為他們認為幫助孤兒就是最大的幸福，有沒有感激是無所謂的！

喬治・凱成年後，耶誕節總會給父母一筆錢，希望他們的生活過

得好點。然而他的父母卻很少為自己添購東西。每當他耶誕節前幾天回到家裡的時候，父親總會告訴他又買了一些煤和雜貨送給鎮上一些「可憐的女人」——那些有一大堆孩子卻沒有錢去買柴火和食物的人們，他們送這些禮物同時也得到很多的快樂——付出的快樂，而不是希望得到回報的那種快樂！

喬治•凱堅信他父母可以成為亞里斯多德理想中的人——也就是最值得快樂的人。亞里斯多德說：「理想中的人，以施惠於人為樂，但卻會因別人施惠於他而感到羞愧。因為能表現仁慈就是高人一等。」

喬治•凱說：「如果我們想得到快樂，我們就不要去想別人對我們感恩或報恩的事，只要享受施予的快樂就可以了。」

那麼，我們來制定一個快樂的計畫，一個建設性的快樂計畫！為我們的快樂而努力奮鬥吧。它的名字叫「就為今天」。這種計畫非常有效，如果我們能夠照著辦，就能消除大部分的憂慮，而大量地增加

「生活中的快樂」。

我要很快樂。假如林肯所說的「大部分的人只要下定決心都能很快樂」這句話是對的，快樂是內心的喜悅，而不是外在的表現。

我會努力去適應一切，去試著調整一切來適應我的欲望。我要以這種態度接受我的家庭、我的事業和我的運氣。

我要比以前更愛護我的身體。我要多運動，多照顧、多珍惜自己，不損傷我的身體、不忽視它；使它能成為我爭取成就大事的好基礎。

我要加強我的思想。我要學一些有意義的知識，我不要做一個異想天開的人。我要看些需要思考、需要集中注意力才能讀的書。

我要用三件事來修練我的靈魂：要為別人做一件好事，但不要讓他知道；我還要做兩件我並不想做的事情，而其中的目的只是為了修練。

我要做個讓人喜歡的人，外表要儘量大方，衣著要儘量得體，和聲說話，動作優雅，絲毫不在乎別人對我的誹謗。對任何事我都不挑

毛病，也不教訓或干涉別人。

我會學習只把幾天的事情完成，並做得很好，不要太貪心，把一輩子的事都做了。

就為今天，我要訂下一個合適的計畫。我要寫下每個小時我都在做些什麼。也許我不會完全照著那樣的方式做，但還是要訂下這個計畫；這樣，我至少可以免除兩種缺點——猶豫不決和過分倉促。

此外，我還要每天為自己留下半個小時的安靜，為了讓自己輕鬆一番。在這半個小時的時間裡，我要想到上天，使我的生命中充滿希望和快樂。

我要心中毫無懼怕。尤其是我不要怕任何災難，我要去欣賞美的、好的一切，去愛、去相信我愛的那些人會愛我。

培養平安、快樂的心境，有了快樂的思想和行動，你就能感到快樂。快樂在其中，你的生活便會豐富多彩起來；快樂中的人最美麗，快樂中的人也越容易走向成功。

快樂與熱情是共同體

在繁華都市中穿梭，有時很困惑，有時很迷茫，快樂沒人與你分享，工作壓力很大，大家都說事業的成功離不開熱情與快樂！但你卻覺得它近在咫尺，遠在天涯！

當你用快樂的心態看待你的人生，你的生命就不會充滿悲觀，擺脫乏味的思維模式，重新點燃起熱情的欲望，你會發現，原來快樂和熱情就在自己身邊。

有這麼一則故事：

洛斯，三十五歲，沒念過什麼書，也沒有什麼特別的專長，一直做些不求學歷的工作，但他車開得很好，所以一直在開卡車。

可他不喜歡這份工作。他是個虔誠的教徒，不喝酒，也討厭同事們整天說髒話。因為他不喜歡跟那些同事喝酒，也不喜歡聽他們說那

些成人笑話，所以大家都叫他「小妞」。

他看不到自己有什麼前途，只是不停地從一個普通的工作換到另一個普通的工作，整天地混日子。

他缺乏生活熱情——特別是生活中能夠做到的事。

和朋友聊天時，朋友問他：「你為什麼不自己做生意？」

他說：「我能做什麼生意？我沒學歷、沒錢，也沒什麼經驗。」

朋友問：「你有空的時候做什麼？」

「不做什麼，只是到花園裡走走。」他一面說，一面從書房窗戶望出去，看著朋友的花園。

「你為何不開個小店，專門替別人整理花園？」朋友建議他。

他起初並沒有什麼反應，可是朋友繼續勸說，他告訴洛斯開店一天能夠整理三個這麼大的花園，並且能讓自己當老闆，此時洛斯的眼睛開始發亮了。朋友又說他唯一要花點資本的是買一部電動除草機、耙子和鏟子這類工具。

朋友還拐彎抹角地談到他的宗教信仰，朋友說：「上帝創造世界，你整理這個世界，會感到與上帝更親近。」

他的熱情開始增長。他明白他只需要在報紙上登個小廣告，以至於只需利用空閒的時間去整理花園，直到這方面的收入能夠養家之後再放棄開卡車的工作。

朋友向他建議的這個工作，嚴格說來也沒有什麼「前途」可言，可是一個人有了熱情以後就不同了。

洛斯開始整理花園了，他做得很不錯，他的客戶又幫他介紹給朋友來，不久之後排隊等他去整理花園的客戶多到能夠列出一張名單來，這還只是剛開始而已，現在他利用晚上時間去學習園藝學，夢想以後能成為園藝設計師。

現在的他已經瞭解成功不是目標，真正的樂趣在這一段超越自我

的黃金旅程裡，此時，他的自信也與日俱增。

洛斯因為熱情而快樂著，因為快樂根植於熱情，熱情是快樂的資本。任何時候我們都想要快樂，而想要快樂，就必須抱有一顆熱情的心；失去熱情，我們往往會對事情失去信心，而一旦失去了信心，我們做起事來就沒有勁頭，沒有勁頭談何快樂呢？

快樂是建立在自己喜歡的事情上，對自己喜歡的事情我們往往有足夠的熱情去完成，然而無論如何，快樂和熱情是相互衍生的，光談熱情不行，光去享受快樂也不行，努力掌握好快樂與熱情之間的那把尺，你會在積極做事情的同時保持一顆快樂的心。

抹去厄運帶來的痛苦

人們對厄運打擊的感覺是非常強烈的。這種感覺通常伴隨著生理和心理活動而有不同程度地存在，所以厄運在人們心中常存有很深的印象，特別是容易給人的心靈留下陰影，讓人覺得無時無刻都被它包圍著。然而，厄運如果已經發生，就應該面對它，尋找解決途徑；如果已經過去，那就應該把它忘記，不要老把它留在記憶裡，更不要時時抓住它不放。痛苦的感受猶如泥濘的沼澤地，你越是不能快速地從中解脫，它就越可能把你拴住，讓你越陷越深，直到不能自拔。南唐後主李煜被俘後曾賦詞說：

往事只堪哀，對景難排。
秋風庭院蘚侵階。
一任珠簾閒不卷，終日誰來？

金鎖已沉埋，壯氣蒿萊。
晚涼天淨月華開。
想得玉樓瑤殿影，空照秦淮。

這種沉溺於過去的輝煌，對自己的不幸遭遇耿耿於懷的人，註定只會被悲傷的情緒控制著。魯迅筆下的祥林嫂，心愛的兒子被狼叼走後，痛苦得心如刀絞，她逢人就訴說自己兒子的不幸。剛開始，人們還對她表示同情。但她一而再、再而三地講，周圍的人就開始感到厭煩，漸漸地不理她了，她也更加痛苦，以至麻木。一個人，如果老是抱怨自己的不幸，就會陷入痛苦的泥潭，無法自拔。

但是，我們也不能完全忽視它的存在，逃避一切。也就是說，第一，情感不要過久地停留在痛苦上；第二，我們要理智地思考該怎麼在挫折和坎坷上尋找問題，努力克服它，解決它。

打個比方，你努力做了一件艱難的事，但是失敗了，所以你天天痛苦得不能自拔，這樣只會阻礙你前進；但如果不把它當作一回事，心安理得，一點壓力也沒有的話，這也不是好的態度。我們應該要快點抹去失敗所帶來的痛苦，汲取失敗的教訓。從這件事中，看到自己的準備是否還不夠充分，繼續努力，爭取從頭再來。

我們熟悉的著名演說家，安斯華爾特就曾用「替換律」作為題目來講道。他借「種松樹代替荊棘」去說明替換律：如果你打算整理出一塊空地，在把一株尖葉茂盛的荊樹拔除後，你不會讓那塊地空著，你會種上一棵好看的松樹，用一物替代另一物。

蘇珊•麥洛伊在被突然宣告得了癌症後，深知復原機會渺小，但她並沒有放棄，而是決定開始寫一本書，希望通過這本書來幫助自己與癌症鬥爭。作為一個動物愛好者，她選擇人與動物作為書的主題。她希望通過這種方法收集有關動物的故事，這些故事在編成書前，就先使她從中得到感動，並且感到激勵。而這些小故事也成為使她堅強的與癌症惡魔抗爭的最大動力。

最後，《打開我心靈的天使：動物真情錄》也成為深受人們喜愛的勵志書。而她自己在被診斷出癌症十年後，卻依然身心健康地活著，甚至比開始治療前還好。她感動於動物的真情而著書，著書的過程又使她憑著對動物的真情，成功地與癌症對抗，戰勝了癌症所帶來的死亡威脅以及由此而來的消極影響。

漫漫人生又何嘗不是如此呢，悲傷的事情是可以被幸福的情緒感染代替的。替換律在我們的思考上同樣可以得到應用：驅逐不好的念頭，不只是不去想它，而是能讓新東西替代它，培養新思想，新興趣；排除失望，僅僅接受失望是不夠的，一個希望丟失了，就再去尋找另一個希望來代替；想要忘記自己的憂傷，最好的也是唯一的辦法，是利用他人的憂傷來代替，分擔別人的痛苦時便可以忘記自己的痛苦了。

所以，如果你不開心，你應該敞開自己的心扉，打破沉默，去嘗試那些輕鬆快樂的事情，因為在做其他事情的過程中，你可以從受挫折的心情中解脫出來。

執著成就一番事業

在很多事情上我們都缺少耐心和毅力，殊不知其實「執著」也是成大事者必備的特質之一。成功的法則其實非常簡單，而成功者之所以極少，就是因為大多數人認為這些法則太簡單了，但卻沒有人願意堅持下去，對此往往不屑一顧。一些人總是認為簡單的東西根本沒有什麼大作用，所以也不屑去做；而有些人卻因為執著，在歷史上做出了一番成就。

諾貝爾從小受父親的影響，對科學有著濃厚的興趣。小學時候的他，喜歡獨自玩耍，腦海裡充滿了無盡的想像。十歲那年，諾貝爾隨家人來到了聖彼得堡，父親曾經問他將來有什麼打算，諾貝爾說他希望能成為一名發明家。

很快地，諾貝爾閱讀了有關機械、物理、化學等方面的書籍。有時候，諾貝爾從父親的工廠裡帶點火藥回家做實驗，被父親發現、批評後，諾貝爾還是繼續玩火藥，他從中發現了火藥包裹的鬆緊度與爆炸威力成正比的基本原理。

十七歲時，諾貝爾到父親的工廠裡上班，瞭解了許多有關各種機械的技術，學習到了新的知識。一年後，諾貝爾去了巴黎，由於他愛慕的少女不幸夭折，諾貝爾懷著悲痛的心情回到了聖彼得堡，從此專心致力於炸藥的研究。

1867年秋天的某一天，諾貝爾嘗試進行製造甘油炸藥的實驗，和他一起工作的還有許多人。

諾貝爾非常投入，正當他全神貫注的時候，忽然間實驗室中發生了爆炸，諾貝爾嚇了一跳，當他逃出實驗室時，諾貝爾驚奇地發現實驗室被炸倒了，工廠也毀了一大片。

諾貝爾沒有預料到會發生這樣的危險，尤其讓他想像不到的是，諾貝爾聽說在這次實驗大爆炸中，一些工人不幸葬送了性命，諾貝爾唯一的弟弟，也難逃劫難，死在了這次大爆炸中。諾貝爾傷心欲絕，這已是他第無數次的實驗了，不但沒有成功，反而葬送了親人、同事的性命，而且當時政府是禁止私人發明炸藥的，在種種嚴峻形勢的考驗下，諾貝爾沒有被嚇倒，他沒有放棄，依然執著於炸藥的發明。

一次，諾貝爾在實驗室裡第一次用雷汞製造的雷管試驗。他覺得可以點火了，就小心謹慎地點火，希望這次實驗可以成功。

但是，伴隨著一聲爆炸轟隆的巨響，實驗室裡佈滿了濃煙烈火，諾貝爾點燃的雷管爆炸了，他欣喜若狂，沒有意識到他所在的房子塌了下來。

過了好長一段時間，諾貝爾才從瓦礫中掙扎出來，只見他滿臉灰塵，渾身是污垢，仍高興地說：「成功了，炸藥終於發明了，我成功了！」

諾貝爾終於發明了炸藥，但他的成功不是偶然的，而是諾貝爾執著不解地奮鬥，最終才如願以償的。有時我們希望取得某些方面的成就，但卻遇到挫折，此時我們就可以借鑒諾貝爾的故事，為理想執著地奮鬥，最後一定會取得成功的。

《魔女嘉莉》這部小說你或許看過，但你知道背後的故事嗎？

一位工人住在拖車房屋中，週薪只有幾十元。他的妻子除了白天上班外，晚上還要另外做一些兼差來養活這個家。但是即使夫妻倆都有工作，而且是努力工作，所賺到的錢也只能勉強讓全家人糊口而已。他們的孩子耳朵發炎了，他們盡量把所有用不到的東西都放棄，省下錢去買抗生素為孩子治病。每個人都有夢想，這位工人也一樣，他一直希望能夠成為作家，夜間和週末都不停地寫作，打字機的劈啪聲不絕於耳。他生活方面剩下的錢全部都用來支付郵費，寄原稿給出版社和經紀人。失望的是他的作品全被退了回來。直到有一天，他讀了一部小說，令他記起了自己的某個作品，他把作品的原稿再次寄給那部小說的出版社，出版社把原稿交給了皮爾．湯姆森。出乎意料的是，幾天後他收到湯姆森的一封熱誠親切的回信，信中說原稿有很多瑕疵。不過湯姆森相信他極有可能成為作家，並鼓勵他再試試看。在此後一段時間裡，他再次給編輯寄去兩份原稿，但也全部都被退還了。他開始試寫第四部小說，不過由於生活所迫，經濟上拮据困難，他開始產生了放棄希望的念頭。

這天夜裡，他把原稿扔進垃圾桶。第二天，他妻子把它撿回來。「你不應該半途而廢，才那麼短的時間，你一定要堅持下去才行，」妻子告訴他，「特別在你快要成功的時候。」他瞪著那些稿紙發愣。也許他已不再相信自己了，但他的妻子卻堅持相信他有一天會成功。之後他每天都會寫兩千多字來練筆。他寫完了以後，又一次把小說寄給湯姆森，不過他沒有想到這次會成功。完全出乎意料，湯姆森的出版公司預付了兩千五百美元給他，史蒂芬・金的經典恐怖小說《魔女嘉莉》於是誕生了。這本小說後來銷了五百多萬冊，並拍攝製作成電影，成為1976年最賣座的電影之一。

在現代這個社會上，有兩種人絕對不可能成大器：一種是除非別人要他去做，否則絕不會主動去做事的人；另一種則是即使別人要他做，也一樣做不好的人。這兩種都屬於被動型的，而且也始終做不好事情。而那些絕不需要靠別人催促，就能夠主動去做應該做的事，不但做得很好，而且不半途而廢的人到最後一定可以獲得成功。創造非凡成就的人都有一些共同的特徵，例如：制定明確的目標，並不斷強化明確目標的動機，奮發圖強，以贏得「意志」為基礎所建立起來的堅毅精神，有所節制，有豐富的想像力，能夠迅速且明確作決策的習慣；要求自己多付出一點點，要有積極的態度，更要有執著的精神。

很多事情原本都是很簡單的道理，只是我們把它複雜化了。古人云：「有志者，事竟成。」追求對於人來說，是不竭的動力，有了它就不會失去方向，就不會感到迷茫。不要對自己說「不」，努力去做，勇敢去嘗試，成功就在彼岸！只要堅持，堅持下來就是勝利！

淡泊名利的奉獻精神

在人們看來，壯志凌雲和淡泊名利似乎是矛盾的。著名的劉禹錫的《陋室銘》以及陶淵明的《歸園田居》說的都是淡泊名利、歸隱山林、淡化理想的名篇。

劉備不顧身分，安撫兩位忿忿不平的義弟關羽和張飛，降低姿態三顧茅廬後終於請得一代傳奇軍師諸葛孔明來輔佐他，只因為他早知道諸葛亮雖隱居於臥龍崗，但心中對於亂世卻是早以胸懷大志，只是等待一個絕佳時機出山。事實上，諸葛亮在隆中，除了躬耕隴畝外，主要的活動便是閉關讀書，他也常常撫琴吟唱山東老家的古曲《梁父吟》，抒發思鄉之情。有時也外出拜訪朋友和遊山玩水增廣見聞，和他常交往的人有龐德、司馬徽、黃承彥等名士，以及徐庶、崔州平、石廣元等士人，他們常常在一起談古說今，評論時事，研討學問，等待著建功立業的機會。諸葛亮以戰國時期的人政治家管仲、樂毅自比，一般人都不以為然，只有最了解他的好友崔州平和徐庶深信不疑。後來，諸葛亮終於成為胸懷大志、博學多才的臥龍。諸葛亮在《誡外書生》裡說：「志當存高遠」，即一個人立志應當崇高遠大。但是他也在《誡子書》說：「非淡泊無以明志，非寧靜無以致遠」，也就是說不恬淡寡慾就不能確立遠大的志向，不排除雜念就無法深謀遠慮。這是諸葛亮對其子的諄諄教誨，也是他關於修身養德的至理名言。

而清代著名政治家左宗棠，雖然自小生性穎悟，在七次考試中名列第一。但是他的好成績卻在 1832 年結束了，他參加在省城長沙舉行的鄉試。此後的六年中，他三次赴京會試，均不及第。

左宗棠是有大志的人，他並沒有在京試的失意中走向人生的沉淪，也沒有像有些落第文人那樣從此寄情山水了此一生，他開始尋找新的報國途徑。正如他後來所說，「讀書當為經世之學，科名特進身階耳」。

左宗棠的志向和才能，得到了當時許多名流顯宦的賞識，之後他也不負眾望立下許多功績，他在咸豐十年由幫辦軍務升任巡撫之後，官高位顯，薪金豐厚，但他不忘布衣經歷，生活仍舊十分儉樸。

左家飲食基本上都是粗茶淡飯，每餐烹飪所使用的食材都是由自家耕種收穫的蔬菜，只有在宴請賓客時，才略微採買一點酒肉和海鮮。左宗棠只穿棉布縫製的衣服，除非朝祭大典等特殊場合，他從不穿錦羅綢緞。

一年夏天，左宗棠升官到蘭州任職。當他在路上時，蘭州的下屬官員已按慣例為他在蘭州五泉山建造了一座祠堂，他們以為左宗棠會非常高興。沒想到左宗棠到任後得知這消息後非常生氣，命令下屬立即廢除祠堂名稱，將其改為供平民百姓祭祀的神廟，同時處分了最先倡導並主持此事的官員。

還有一次，他的好友胡雪巖從上海遠道到蘭州看望他，順便給他帶了一些禮品。左宗棠在盛情難卻的情況下，只接受了一部分無法帶回去的食品，並用自己購買的西北土產予以回報，而把珊瑚和高麗參等珍貴物品，原封不動的退給了胡雪巖。他認為這些東西太貴重了，自己無法享用，因此不能領受。

左宗棠不僅自己崇尚節儉，還教育子女要儉樸度日，告誡他們不能沾染淫靡習氣、講求排場，一切以簡約為主，永固家風。

正確對待名利，一個人不論取得了怎樣的成績，都應清醒地認識到：個人的力量與作用是有限的。不計名利得失，不計榮辱進退，吃苦在前，享受在後，將自己的一切獻給國家和人民。

楊門虎將在宋朝無人不知。楊業在面對外敵入侵時，曾對楊四郎說：在民族大義面前，個人的榮辱得失是微不足道的。是啊，在執著的最高理想——保衛祖國面前，有什麼比民族大義更珍貴的呢？楊業最終懷著一顆愛國之心死於李陵碑前，給後人留下了充滿民族氣節的壯麗詩句：「願得此生長報國，何須生入玉門關。」

古代先賢尚且能有「先天下之憂而憂，後天下之樂而樂」的情懷，我們現代人更應有淡泊名利，無私奉獻的精神境界。

難得糊塗與糊塗難得

「難得糊塗」與「糊塗難得」聯在一起看似文字遊戲，其實不然，同樣的四個字一調換次序，意義就完全不同。「難得糊塗」，雖然難得，但畢竟與糊塗有緣，因此得到了它，擁有了它；而「糊塗難得」，即使經過一番刻苦追求，但終於與糊塗無緣，無法得到，難以擁有。況且，「難得糊塗」是名人名言，「糊塗難得」是微人微言，前者是鄭板橋發明，後者則是作者杜撰。

何謂「糊塗」？不明事理，不辨是非，不知好歹，不懂明暗，不區黑白，不別曲直，不認親疏，不識東西。它的反義詞：明白、清楚、清醒。通常把糊塗的人，稱作糊塗蟲、糊塗蛋、糊塗鬼。

由此看來，「糊塗」算不上好詞兒，含有貶意，可不少古人喜之愛之，且以得到它，擁有它為榮，做為座右銘放在案上，置之床頭，

貼之牆壁，天天看，月月看，年年看。

對於「難得糊塗」現象，它似乎已在昇華，成為一種「主義」、一種「思想」、一種「理論」，成為一種「信仰」、一種「嚮往」、一種「理想」，成為一種「時尚」、一種「追求」、一種「目標」……當今世間，有那麼一些人，言談，舉止，為人，處事，糊里糊塗，甚至是一場糊塗。這些人深得「難得糊塗」之精髓，深知「難得糊塗」之奧妙，這也的確是一種境界。

鄭板橋已然逝去，他所處的時代，所扮演的角色，他的思想觀念和處世哲學，他的精神境界和道德水準，以及他的世界觀、人生觀、價值觀等等，我們知道的不多，但我們知道他絕不是一個糊塗蛋，他沒有升官發財，而是棄官歸田就是證明。他的「難得糊塗」是對世風的不滿，是對時局的諷刺，是對黑暗腐敗現實的無可奈何。在那個時代，他再清醒再明白，也無回天之力，只有「躲進小樓成一統，管他冬夏與春秋」，去描繪那虛幻的「世外桃源」的美景。這種歸隱山林，與世無爭，不隨波不逐流，看不見心為淨，也的確是一種境界。這難得的「糊塗」，也的確強似那些不貪白不貪，不占白不占，不拿白不拿，不吃白不吃的清醒！

說到這裡，使我們不得不想起「舉世皆濁我獨清，眾人皆醉我獨醒」的屈原，他實在「糊塗難得」，又清醒難活，因此最後只有投江自盡一條路。屈原的路也許不足取，但他又有什麼辦法，無論做什麼他都無回天之力，又不願眼睜睜地看著終究會到來的家破國亡結局，因此他更難以想得開，更難得以糊塗苟且偷生，這是歷史上「糊塗難得」的典範了。

而如今，大家生活在這開明盛世的時代，沒有「文字獄」，言論有自由，揭露社會弊端，批判、抨擊醜惡現象，這是每個公民的神聖權力，更是每個公民責無旁貸的責任和義務，那麼在現代還用得著裝傻、賣呆、求糊塗嗎？

其實，「糊塗」的確難以求得，越想「糊塗」越清醒，追求「糊塗」的人，保證是個再明白不過的人了，一個清醒明白之人，不管他假裝「糊塗」裝得如何惟妙惟肖，最終還是「糊塗」不起來。恰恰相反，真正的「糊塗蛋」又往往把自己打扮得相當清醒，十分明白，可怎麼也清醒明白不了。

適度低頭，剛柔並濟

一個人如果想有所成就，而且還想幸福順遂地活在世上，就要時時刻刻記住「低頭」。因為我們都知道：要想進入一扇門，就必須讓自己的頭比門框更低；要想登上成功的頂峰，必須低下頭彎起腰做好攀登的準備。

對於那些登上頂峰的成功者來說，他們無論是在舞臺上發表演說還是出訪時，總是微微低著頭俯視腳下的人群，因為他們站在高處。而他們腳下成千上萬的人們，總是高高抬起頭向上仰視臺上的成功者，因為他們站在低處。而在生活中，我們也要學會適時地低頭，只有這樣才能夠取得最後的勝利。

富蘭克林先生，曾被譽為為美國之父，在他年輕的時候曾經去拜訪一位前輩。那時他年輕氣盛，而且走路總是挺胸抬頭邁著大步，一進門，他的頭就狠狠撞在了門框上，疼得他用手不停地揉搓。

這一幕被他的前輩看到了，這位前輩笑了笑，對他說道：「很痛吧！可是，這將是你今天來拜訪我的最大收穫。」

成熟的麥穗永遠都是低著頭看著大地，我們要時刻記住這一點。如果你是一個部門的主管，在成功的時候應該同成熟的麥穗一樣，去欣賞和讚揚部屬，即便在成功中他們只盡了微薄之力，你也要這樣去做。學會適時地依靠他人，平衡部屬與主管在天平上的位置，使人際關係達到一種平衡，是一種謙卑態度，更是一種聰明的做法。

蜥蜴原來是與恐龍同類的一種動物，我們知道恐龍滅亡了，但蜥蜴卻在最後存活了下來。其中一個最為重要的原因是，恐龍體積過於龐大，總覺得自己高高在上，因而容易被淘汰；蜥蜴小巧靈活，雖然纖弱，但便於匍匐在地上，因而得以生存。

在日常生活中，我們常用「毫不示弱」來形容一個勇敢的人，但是，認真想一想，時時處於不示弱的人，雖能得一時之利，卻很難成為最終的成功者；倒是有些人，凡事忍讓，不逞能，不搶先，心境平和寬容，能拋除私心雜念，不受外界干擾，做事持之以恆。他們即使遇到打擊，暫時出現困難，也不會萬念俱灰，因為心境平和，所以能泰然處之。這種人跑得不快，但卻有毅力堅持到終點。

遇到挫折時，改變一下自己的思路，或是暫時地妥協，讓以前爭強好勝的你嘗試一下使用其他的方法，也許這樣會讓本來不好的僵局變成一個圓滿的結局。

所以有時候必要的妥協會讓你得到意外的收穫，嘗試著去改變或許會出現另外的一種好局面。

平時，在我們的生活當中經常會出現一些不如意之事，也常有人一方面抱怨人生的路越走越窄，看不到成功的希望；另一方面又因循守舊、不善改變，習慣在老路上徘徊。其實，天生我材必有用，如果我們調整一下目標，改變一下思路，不就可以出現「柳暗花明又一村」的無限風光嗎？

無論在工作中還是在生活中，我們都會遇到一些不順心的事，面對這些事我們應該怎麼處理呢，希望下面的故事對我們能有一些啟發。

曾經有一個年輕人，他非常有才氣，正是因為他非常有才氣，所以他為人非常地傲慢；因此不論在什麼部門，也不論是主管還是同事，大家都與他處不來，為此他自己也十分地痛苦。回想自己並不算長但卻比較坎坷的經歷，他覺得人生沒有意義。在一個大雪紛飛的日子，他準備重遊一次故鄉，然後結束自己的人生。

登上故鄉一座山的頂峰並環顧四周，這時他發現一個奇怪的現象：山的陽面生長著許多雪松和寬葉松，而山的陰面只有雪松。他帶著這個疑問請教一個山民，山民告訴他：山的陽面陽光比較充足，積雪能很快融化，山的陰面積雪融化慢，雪松枝葉彈性較好，當雪積累到一定程度，枝葉就會向下彎一下，雪就落地了，這樣雪松的枝葉完好無損。而寬葉松的枝葉就沒有這麼好的彈性，雪積多了以後枝葉就折斷了，因此很難存活。明白這個道理以後，年輕人心情開朗，捧起一把白雪擦了擦自己的臉，然後返回了公司部門。

在沉重壓力下不低頭的人是一個有個性的人，但是一個會低頭的人則是一個絕對聰明的人。其實，有時候人得適時的示弱，以避鋒芒，養精蓄銳，蓄勢待發，這與古人韜光養晦的道理是一致的。向人示威人人都會，向人示弱卻是少數人才會去做的，因為這更需要智慧和勇氣。

對於一個眼睛只會朝上看，並且目空一切，從不懂得「低頭」看路的人來說，終有一天難免要栽跟斗，跌個淒慘，甚至會落入陷阱或誤入歧途；總是頭顱高昂，逞強好勝而不懂得彎腰的人，遲早會遇上挫折，被碰得頭破血流。只有學會低頭，懂得低頭並且敢於低頭的人，才會平安無事，一路順遂。

做人處事的時候，一個人如果一味地剛強，一味地硬撐，只會給自己帶來現實的傷害甚至犧牲。只有做到剛柔互濟，懂得「低頭」，才能保護自己，最終使自己立於不敗之地。

所以做事就應該學會應變，學會事事能夠變通。讓我們來看看下面這個聰明的孩子是怎樣運用變通之術的。

有一個聰明的男孩，他和朋友們在去市集的路上，碰到一棵結滿碩果累累的大樹，他的朋友們都爬上去，唯獨他站在那裡不動。路人看見了，問他：「你怎麼不爬上去呢？你看那棵樹上的果子都成熟了！」

男孩說：「這棵樹在大路旁，要是它結的果子好吃的話早就被行人摘光了。」

果然，他的夥伴們嚐到那些果子時都吐了，果子的味道又苦又乾澀。

這是一個很聰明的孩子，他知道好的東西都是人們渴望得到的，更重要的是，他明白只要自己退一步就不會嚐到苦果。

當然，生活中我們可能承受著來自各方面的壓力，當壓力積累到讓我們難以承受時，我們需要像雪松那樣彎下來，卸下重負，才能重新挺立，避免被壓斷的結局。彎曲，並不是失敗，而是一種彈性的生存方式，是一種生活的藝術。有時候在一些事情上低一低頭，學會適時地依靠他人，這可以說是一種謙卑，更是一種聰明。

人們經常說，大丈夫能屈能伸。其實這句話裡面便蘊藏著彈性生存的人生哲理。先人給我們留下這樣的處世哲學：「小不忍則亂大謀」；「忍一時，風平浪靜」；「退一步，海闊天空」。自然界的樹木為了熬過嚴冬繼續生存，知道在深秋時節暫時褪去它那華麗的盛裝，又何況作為萬物之靈的人呢？倘若沒有少年時甘受紈絝子弟胯下之辱的韓信，哪有後來輔佐劉邦成就帝業的開國元勳？

人生就像一棵歷經滄桑的雪松，不經歷風雨，怎能看見彩虹？面對生命的輪迴，人世間浮華的一切，我們能做的，也只有適度低頭，剛柔並濟。

人的生活也是這樣，在我們數十年的生命里程中，常常受到大的、小的、內部的、外部的等等各種壓力，對於這些壓力要盡可能地去承受。在確定承受不了的時候，學會退一步，像雪松那樣彎曲一下，這樣就不會被壓垮，還為自己能夠繼續生存下去創造了條件。彎曲不是倒下和毀滅，它是人類生存的一門藝術，是經過後天生活的反覆磨礪，思想的主動修養而形成的。人要想長久立足於天地之間，就要懂得低頭。

我們都是平凡的人，在工作與生活中，當生命的重荷負載過多，就低一低頭，只有學會低頭才能正視自己的錯誤。我們每個人不管是什麼身份，什麼地位，在一生之中，都不可能不說錯話，不做錯事，因為誰也不是完人，不是無瑕的白璧。既然誰也無法避免錯誤，那錯誤就不是什麼大不了的事情。犯錯並不可怕，重要的是必須明白補救的方法，只要學會低頭而剛柔並濟，就能避免鑄成大錯誤以致最終抱憾終生。

珍惜已得並貫徹到底

有聽說過「狗熊掰玉米」的故事嗎？

一隻狗熊到玉米田去掰玉米，剛掰下一個，看見前面還有一個，就扔掉了手裡的去掰另一個。當另一個到手後，牠又看到前面還有一個，於是扔掉手中的又去掰第三個。這樣掰一個扔一個，從玉米田的這一頭一直掰到另一頭，滿地的玉米都被牠掰完了，扔得遍地都是。牠看看已經沒有玉米可掰了，就拿著最後一個玉米回家了。牠忙了一整天，最後只收穫了一個玉米。

人們經常會用這個故事來勸戒自己和他人，做事要踏實，做一件事，就珍惜一件，那怕是很小很小的事情，要做到底，做出成效，不能一件事沒做完就換另一件；就和不斷地換工作一樣，前面的努力都將付諸東流。

聽了這個故事後，很多人會覺得這個狗熊太貪心、太傻。其實不

是因為狗熊智力有問題，而是因為牠太浮躁，不知道哪一個屬於自己。這應證了那句「一鳥在握勝過眾鳥在林」的名言。

很多聰明的人為什麼到頭來都一事無成呢？原因恐怕就是他們嚮往的東西太多了，看到這世界上可以做的事情很多，他們什麼都想去嘗試，結果真正能抓到手的卻很少。所以使得他們博而不精，什麼都懂一點，可又什麼都懂得不多。

如果人生不想虛度，就要在一生中做好五件事，像是讀透一本書，熟練掌握一項技能，擁有一個和睦相處的家庭，在內心深處保存住一份美好的情感，一生做一位好人。事實上，要是做好這五項中的一項，人生就比較成功了。

很多時候，人生的機遇也許就只有那麼一兩次。因此，一生做好一件事就足夠了，只要能夠將一件事做得全面，做得透徹，做得完美，那就很了不起了。否則一個人就算是再聰明，如果他這個領域也想發展，那個行業又想著出頭，那是不太可能的，畢竟一個人的精神不可能都是無窮的，而給予每個人一輩子的時間也不會太多。精力再充沛，計畫再周密，如果什麼事情都想兼顧，想在很多領域都做出成績，仍會事事半途而廢。

事實上，任何一個職業都是博大精深的，你進入某個職業後，無論你如何努力，這個職業也足夠你花一輩子去鑽研和奮鬥。對有些職業來說，你甚至一生只能選擇其中的某一小部分來鑽研，而無精力涉足其餘的。當然，若比爾・蓋茲想去炒股，以他的雄厚實力，做個炒股專家，在股界呼風喚雨，簡直易如反掌。但他不會去，因為他已經認定了微軟。

被譽為華人「功夫電影之王」的李連杰在接受一家報紙採訪時作了一個非常富有想像的比喻。他說：在一個最好的餃子店裡，你不可能買到最好的披薩跟漢堡。在現代社會，類型的專業化會帶來成功。

我知道自己是以動作表演博得群眾歡喜的演員，尤其是在好萊塢，所以我不會去嘗試其他類型的影片，因為沒有一個人能夠做到全能。

許多人都希望具有廣博的經驗和知識，這沒有錯，但如果真是這樣，光有廣泛的知識，就難免會像蜻蜓點水一般了。若不把一件事情做透，是很難成功的。因此，任何人想成就一份事業，都必須懂得珍惜自己流淌的每一滴汗水，累積自己的每一份努力，沿著汗水撒過的路一直走到底，就不會犯狗熊那樣的錯誤。

完美中留有縫隙

現在的我們總是憧憬完美的東西，但老子曾說：最完滿的東西，好似有殘缺一樣，但它的作用永遠不會衰竭；最充盈的東西，好似是空虛一樣，但它的作用是不會窮盡的。也就是說，最高的境界是殘缺美，完美中留有一定的空隙。也有這麼一個說法：泥土如果沒有縫隙，就失去了承載生命的榮耀；高山如果沒有縫隙，就失去了深谷幽澗的美景；綠葉如果沒有縫隙，就失去了斑駁樹影的變化。如此絕妙的說法足以證明老子所說的完美中要留有一定空隙，才會有更美好的說法。世上的生命也將繼續延伸，繼續蓬勃。

不論是生活中還是世界上，都沒有完美的東西，包括做人也是一樣，正所謂是「金無足赤，人無完人」。正因為不十全十美，正因為有空隙，我們的生命和一切才能繼續充實。所以說，看上去大成，要

留有一點缺失。看上去大盈，要帶有一點空隙。這樣的作用能夠永遠不敗，永遠用不完。這就是智慧，這就是境界。只要你能很好地把握這種狀態，你就是成功的。

可是在我們日常生活中，或者是自己身邊的朋友，人人都喜歡追求完美，他們認為只有完美才能成就自己的一切，因此就拚命地追求。這也無可厚非，但一定要掌握限度，如果過度追求就會引起反作用！

寺裡的住持年事已高，他想從兩個徒弟中選一個做衣缽傳人。他對徒弟說，你們出去給我找一片最完美的樹葉。兩個徒弟領命而去。不久，大徒弟回來了，遞給主持一片並不漂亮的樹葉，然後說道，這片樹葉雖然並不完美，但它是我看到的最完整的樹葉。老住持沒說什麼，只是笑了笑。二徒弟在外面轉了半天，空手而歸，他對住持說，我見到了很多很多的樹葉，但怎麼也挑不出一片最完美的。最後，住持把衣缽傳給了大徒弟。

如果我們只是一味地講究盡善盡美，追求最完美的東西的話，最終常常是兩手空空。人世間正是有些人一直在追求虛無縹緲的東西，為了自己所憧憬的那份美好，常常忽視了自己身邊原本美好的點滴。其實平淡低調中往往也蘊含著許多偉大與神奇，關鍵在於你選擇以什麼樣的態度去面對它，以怎樣的方式對待它。

我們可以通過很多的小故事來借鑒：

有一個地主非常幸運地獲得了一顆碩大而美麗的珍珠，在平常人看來這已經是非常幸運的事情，然而他並不感到滿足，因為那顆珍珠上面有一個小小的斑點。他說那個小小的斑點玷污了他的珍珠，於是他想，若是能夠將這個小小的斑點剔除，那麼它將是多麼的完美啊。說做就做，他狠下心削去了珍珠的表層。原本他以為這樣就可以消除斑點，變成一顆美麗無比的珍珠，可是斑點還在；他又削去第二層，而它仍舊存在。他不斷地削掉了一層又一層，直到最後，那個斑點沒有了，而珍珠也不復存在了。最後這個地主懊惱地一病不起。臨終前，他無比後悔地對他的家人說：「如果當時我不去計較那一個斑點，現在我的手裡還會握著一顆美麗的珍珠！」

我們追求完美沒有錯，因為人人都喜歡美好的東西。但可怕的是我們在追求完美時的毫無節制和不正確的方法。世上再完美的東西也都有缺陷，不是每樣東西都是一點瑕疵也沒有的。只要我們平時能夠不斷地充實自己，學習自己所沒有的新知識，那麼你每天都是完美的！都是別人所愛的！

我們都知道有經驗的木匠會在做工時注意留下縫隙，因為隨著冷熱乾濕變幻，木材的形態也會發生微小的變化，而這留下的這小小的，簡直微不足道的縫隙就可以包容這種變化，從而使整體結構不發生改變。同樣，鋪設鐵路時，每段鐵軌之間也留有小段縫隙，它們為嚴冬酷暑不同季節裡行駛的火車提供了安全保障。因為縫隙的存在，鐵軌不會因溫度升高降低而擠壓收縮變形。這兩個日常生活中的原理告訴我們不管做人還是做事，都要留有一定的空隙，這樣你才可以儘量地發揮自己！

當今社會上，許多人過於追求完美，追求成功，追求金錢名譽，有的人甚至苦苦尋覓一生，就算最終得到心中所想，卻已日薄西山，很多時候我們的快樂完全被工作所代替，而且憧憬自己在工作上的完美和偉大，殊不知在這種情況下已經喪失掉了自己一些內在的東西，所以，你不妨給自己留一道縫隙，低調地做人，輕鬆快樂地生活。給理想留一道縫隙，用好的心態坦然地面對失去——完美雖然是我們所追求的，也是我們所必需的，但一定要掌握好追求它的限度。如此，我們的生活才會是美麗的，我們的成功也就不再是遙不可及的。

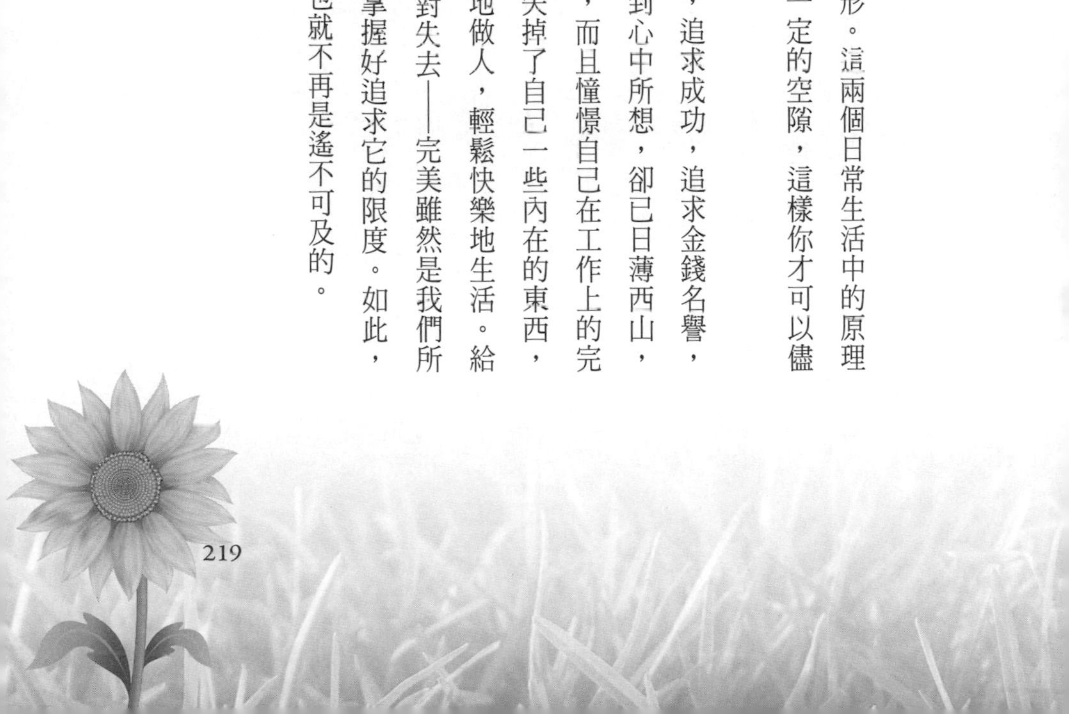

耐得了寂寞苦盡甘來

當我們被鮮花所包圍，當我們接受著別人讚美的掌聲時，心情固然是非常愉悅的；但是，我們應該清醒地掌握住一個認知，那就是，我們所追求的認同，應是來自於那些比我們成功的人。當我們獲得他們的讚美時，那才能證明我們的所做所為確實是有可取之處。

而對於那些碌碌無為平庸者所有的看法和意見，我們大可以置若罔聞，甚至忽略；對於那些平庸者的溢美之詞，我們不應該有任何沾沾自喜的情緒，而是應該持有一種羞愧感和危機感。因為他們所說的大部分言論，都屬於恭維之詞。一旦過多地和這些人交往，過多地考慮這些人的感受，也許就意味著我們和成功已經越來越遠了。總的來說，企圖得到身邊所有人的認同和普遍讚譽，其實是一種自卑心理的凸顯，是不夠自信的表現，是對我們的成長極為有害的。

曾有智者這麼感慨道：最強大的人，往往是最孤獨的人。這裡所說的「最強大的人」，指的就是我們普遍所說的「成功者」。他所指的「孤獨的人」，忍受的自然是「常人不能忍受的寂寞」。俗話說，「高處不勝寒」，成功者在還沒有成功之前之所以會寂寞，無非是以下四方面的原因。

第一，成功者或許有一些可以自由支配的時間，但是他心高氣傲，甚至寧願獨處也不願意浪費時間和一些心無大志、沒有前途的人交往。「曲高和寡」正是這個道理。成功的人往往都有及其遠大的抱負。

第二，成功者在原始階段要做的事情很多，必須得付出一般人十倍以上的努力，可以自由支配的時間少得可憐，大部分的時間全部奉獻給了工作。因為沒有時間去和朋友，家人，除了工作以外的人溝通。所以，他無法不孤獨。

第三，成功者通過不懈地努力獲取成功之後，深感成功的艱辛，選擇朋友也就更加慎重。這時候即使有一些所謂的「朋友」，大都為名利所累，絕不會推心置腹，心靈更加孤獨。

第四，成功者常懷有極大的優越感，即使在還沒有成功之前的狼狽處境下，他也不願意看輕自己。因為有著強烈的自尊心，所以如果他覺得自己不是最好的，他絕不會輕易的進入一個團體去點綴別人。

大學剛畢業的新鮮人，懵懂的小張歷盡艱辛才好不容易找到了人生的第一份工作，在一家小公司寫文案，月薪只有可憐的一萬八；但是十個月後，他的月薪赫然達到五萬元以上，也一躍而成這個城市最厲害的廣告公司的策劃總監，並開始出版自己的長篇小說！

他之所以能在二十三歲這年擁有這樣一個重大的飛躍，最重要的一個原因是他忍受了常人不能忍受的寂寞！在這一年當中，他除了絞盡腦汁挖空心思撰寫好每個最可能執行的策劃方案之外，還不斷地閱讀行銷、策劃和廣告方面的書籍，努力開拓自己的眼界。並上了一些成功學的課程，非常謙虛地向業界內已成名的前輩和師長學習，仔細分析並研究他們的每一個成功的案例，不斷尋找自己與實戰的差距，還會努力發現和挖掘自己比他們高明的地方。

工作之餘，他把更多的時間投入到他一直熱愛的寫作當中。每當夜深人靜的時候，他縮在窄小的租屋處，放一點輕音樂，在鍵盤上行雲流水、天馬行空地把文字玩弄於股掌間，他常常會覺得自己是一個縱橫馳騁呼風喚雨的國王，文字是他任意驅遣呼來喚去的士兵。也唯有這個時候，他會以為自己是這個世界上最強大最優秀、最不可一世的英雄，平時所有的委屈艱辛、落寞、憂傷、都是那樣地微不足道。

當那些成功人士忍受了常人不能忍受的寂寞時，他的回報也就逐漸顯現出來。可是這些寂寞的背後，藏著多少汗水，藏著多少痛苦，藏著多少辛酸和不為人知的故事。如果你能完全地忍受住這種寂寞，那你離成功就不遠了。

陽光心態：
你的心態決定你的命運

作　　者　佳樂
發 行 人　林敬彬
主　　編　楊安瑜
責任編輯　陳亮均
助理編輯　黃亭維
內頁編排　蘇佳祥
封面設計　林妍邑

出　　版　大都會文化事業有限公司　行政院新聞局北市業字第89號
發　　行　大都會文化事業有限公司
11051台北市信義區基隆路一段432號4樓之9
讀者服務專線：（02）27235216
讀者服務傳真：（02）27235220
電子郵件信箱：metro@ms21.hinet.net
網　　址：www.metrobook.com.tw

郵政劃撥　14050529 大都會文化事業有限公司
出版日期　2012年11月初版一刷
定　　價　250元
ISBN　978-986-6152-57-3
書　　號　Growth051

本书中任何违反一个中国原则

的立场和内容词句一律不予承认

國家圖書館出版品預行編目(CIP)資料

陽光心態：你的心態決定你的命運/
佳樂 著.--初版.--臺北市：大都會文化, 2012.11
224面；21×14.8公分

ISBN 978-986-6152-57-3（平裝）

1.自我肯定　2.成功法

177.2　　101020703